Rapto

por Susan Davis

Traducido al Español Por Alejandro Zurita

ISBN-13: 978-1500739461

ISBN-10: 1500739464

A menos que se indique lo contrario, todas las referencias y notas de las Escrituras, son de la versión Reina-Valera.

TABLA DE CONTENIDO

SOBRE ESTAS PROFECÍAS

Susan opera en el don de la profecía. En 1 Corintios 14:1 se dice: "Seguid el amor; y procurad los dones espirituales, pero sobre todo que profeticéis". Ahora estamos viviendo y puestos a estar obedeciendo las instrucciones de Dios en el Nuevo Testamento. Aunque algunos creen que los dones espirituales, como profecías, se han eliminado, este es el pensamiento del hombre y no de Dios. Dios no ha cambiado su pacto. Todavía estamos viviendo en la era del Nuevo Pacto - que también se llama el Nuevo Testamento. Por favor, comprenda que su primer compromiso debe ser con el Señor Jesucristo y Su Palabra como está escrito en la Biblia - especialmente el Nuevo Testamento.

Como siempre, toda profecía tiene que ser probada por la Biblia. Entonces, se espera que las líneas de la profecía se alineen con la biblia para obedecerla. Actualmente Dios no usa profecías para introducir nuevas doctrinas. Se utilizan para reforzar lo que Dios ya nos ha dado en la Biblia. Dios también las usa para darnos advertencias individuales de eventos futuros que nos afectarán.

Al igual que en el Antiguo Testamento, Dios uso a los profetas en los tiempos del Nuevo Testamento y estamos actualmente dentro del libro de los Hechos. Este está en el Nuevo Testamento, allí, se menciona algunos de los profetas tales como Judas y Silas (Hechos 15:32) y Agabo (Hechos 21:21) y había otros. El ministerio de los profetas también se menciona en los tiempos del Nuevo Testamento en 1 Corintios 12:28; 1 Corintios 14:1, 29, 32,37 así como en Efesios 2:20; Efesios 3:5; Efesios 4:11.

Jesús escoge profetas para trabajar para Él en la tierra. Entre otras cosas, Jesús usa profecías y profetas para comunicar Sus deseos a

Sus hijos. La misma Biblia fue escrita proféticamente a través de la inspiración del Espíritu Santo.

Algunas personas dicen que las palabras de la profecía hacen que esté en peligro de añadir a la Biblia o quitarle a ella, pero la Biblia habla de la profecía como un don del Espíritu Santo. Cuando a la Biblia se le agrega o quita, no es a través de las palabras proféticas adicionales recibidas por las personas que el Espíritu Santo da, por ejemplo sino por el cambio de concepto que se da de Dios y agregan nuevos conceptos no-Bíblicos que son de otras creencias paganas. Pero el trabajo principal de los profetas en la Biblia siempre ha sido la de centrar a la gente en volver a la Palabra de Dios, la Biblia.

Como dice en 1 Tesalonicenses 5:19-21,"No apaguéis al Espíritu. No menospreciéis las profecías. Examinadlo todo; retened lo bueno. Absteneos de toda especie de mal " Y la manera de poner a prueba los mensajes es comparar su contenido con lo que dice la Biblia.

En todas las profecías debajo Yo personalmente (Mike Peralta – Preparador del Libro) he probado estos mensajes y todos son de acuerdo a lo que dice la Biblia. Pero también tiene que probar estos mensajes, usted mismo, con la Biblia. Y si son consistentes con la Biblia, Dios espera que usted tome en serio y obedezca sus instrucciones.

1. NO ESTÉS TAN SEGURO EN TI MISMO.

El Señor dio esta Palabra a Susan, el 3 de mayo del 2012.

Palabras del Señor para hoy (Publicado en www.End-Times-Prophecy.Com)

ESTA VIDA ES SÓLO UN PASO HACIA LA PRÓXIMA VIDA

HIJA, ESCRIBE MIS PALABRAS:

Hijos, ESTAS PALABRAS SON PARA USTEDES:

La hora se acerca para MI regreso. Muy pocos están prestando atención.

Pocos, Me buscan, muy pocos, incluso leyendo Mi Libro. Hay grandes derrotas para los que Me desprecian, para aquellos que optan por no perseguirme, y para aquellos que se niegan a reconocerme. Yo Soy el Gran Dios del universo, He creado todo, puse las estrellas en su lugar. Establecí el firmamento de la tierra. Soplé el aliento de vida en todo ser viviente, es el aliento que te sostiene, y vives porque Yo decido que sea así.

Yo doy y Yo quito la vida. No estés tan seguro en ti mismo. No sabes tu propio futuro. Todo puede cambiar en cualquier momento. Muchos de los que estaban seguros de sí mismos, han comprobado que estaban equivocados cuando vinieron delante de Mí, al morir ¿por qué correr riesgos con tu salvación eterna y tu destino eterno?

Esta vida es sólo un paso hacia la otra vida, así que, ¿Qué dirección vas a tomar, hacia Mí y la abundante Vida Eterna o hacia MI enemigo, lejos de tu CREADOR, hacia la condenación eterna, en el infierno, y el sufrimiento? Esto debería ser una elección fácil, pero muy pocos toman la mejor opción, ya que el camino al infierno es ancho, pero el camino hacia la eterna salvación, es estrecha y pocos la encuentran.

Se prudente y aprovecha el tiempo que te he dado, con sabiduría. Búscame, Busca Mis Caminos. No hay mejor camino a tomar. Todos los demás caminos conducen a la destrucción.

Estoy cansado de que Mis hijos se nieguen a prestar atención a Mis Palabras. Me canso de ver a Mis hijos desaparecer, por lo que muchos se pierden, en manos de Mi enemigo. Es desalentador mis niños, cuando Mi Sangre está disponible. He pagado el precio. Tu rescate ha sido pagado. Lo hice con Mi Propia Sangre derramada.

Ahora te toca a ti, reclamar este regalo y venir bajo esta Sangre para cubrirte y te traerá la Libertad, la Salvación y el paso seguro a MI Reino por toda la eternidad. ¿Por qué dejar un regalo tan grande conseguido para ti? Tu tienes que rendir tu todo a Mí, arrepiéntete con remordimiento de corazón por tus pecados, y pon tu vida delante de Mí. Hazme tu SEÑOR y MAESTRO. Yo te salvaré de la pena de tu pecado: el infierno y tormento eterno.

Déjame que te salve, déjame que te libere. Ponme en el centro de tu vida y pídeme que te llene de MI Precioso ESPÍRITU SANTO. Caminaremos contigo a través de esta vida y por toda la eternidad, y haremos morada en ti. El futuro puede ser brillante, y tus días las puedes pasar conmigo en la eternidad.

Yo Soy el que te creó y te conozco mejor que lo que tú te conoces. ¿Por qué elegir pasar la eternidad separados de Mí?

La hora es corta, ya que el mundo pronto será gobernado por Mi enemigo y voy a poner a Mi amada novia en un lugar seguro del mal, que está a punto de consumir la tierra y muy pocos estarán viniendo conmigo, cuando llame a Mi novia. Tu no tienes que sufrir bajo la tiranía de MI enemigo. Dame una entrega total de tu vida y ven a Mí con un corazón arrepentido. Esto es lo que pido.

Tú no tienes que temer al futuro. Te traeré la paz en la mente.

No hay otro camino a la seguridad.

Escoge el día de hoy a quien vas a servir.

JEHOVÁ, SEÑOR DIOS.

HACEDOR DE LAS COSAS DE ARRIBA, Y DE LAS COSAS DE ABAJO.

APOYOS BÍBLICOS:

JOSUÉ 2:11: Oyendo esto, ha desmayado nuestro corazón; ni ha quedado más aliento en hombre alguno por causa de vosotros, porque Jehová vuestro Dios es Dios arriba en los cielos y abajo en la tierra.

GÉNESIS 1:16: E hizo Dios las dos grandes lumbreras; la lumbrera mayor para que señorease en el día, y la lumbrera menor para que señorease en la noche; hizo también las estrellas.

GÉNESIS 1:7-9: E hizo Dios la expansión, y separó las aguas que estaban debajo de la expansión, de las aguas que estaban sobre la expansión. Y fue así. Y llamó Dios a la expansión Cielos. Y fue la tarde y la mañana el día segundo. Dijo también Dios: Júntense las aguas que están debajo de los cielos en un lugar, y descúbrase lo seco. Y fue así.

MATEO 7:14: porque estrecha es la puerta, y angosto el camino que lleva a la vida, y pocos son los que la hallan.

JOSUÉ 24:15: Y si mal os parece servir a Jehová, escogeos hoy a quién sirváis; si a los dioses a quienes sirvieron vuestros padres, cuando estuvieron al otro lado del río, o a los dioses de los amorreos en cuya tierra habitáis; pero yo y mi casa serviremos a Jehová.

GÉNESIS 49:25 Por el Dios de tu padre, el cual te ayudará, Por el Dios Omnipotente, el cual te bendecirá Con bendiciones de los cielos de arriba, Con bendiciones del abismo que está abajo, Con bendiciones de los pechos y del vientre.

SI TU TE AFERRAS AL MUNDO, TE AFERRAS A LA MUERTE

(Carta dictada por el Señor a Susan, el 8 de mayo del 2012)

Hijos, este es tu Señor que te está hablando. Muchos se preguntan acerca del momento de Mi venida. Hijos, la hora se está acercando rápidamente. Yo se que tu dudas de esta Palabra. He hablado a través de muchas personas; a través de muchas señales y prodigios, a través de visiones y sueños; a través de grandes y pequeños.

Tú has sido bien advertido. No tendrás excusas cuando Yo llegue por Mis hijos, y permanezcas atrás, debido a tu duda e incredulidad. He dado muchas palabras a través de muchas personas. Aquellos que escuchan ya están buscando. Pero los que optan por no escuchar, ya están cautivados por este mundo, por este mal, por este mundo corrupto.

¿Por qué, Mis hijos siguen a este mundo y no a su Señor, SALVADOR, Creador y Redentor? Se debe al egoísmo, pues andan tras ocupaciones de su propia voluntad y con falta de voluntad de amar al Señor Dios, con todo su corazón, alma, mente y fuerza.

Hijos, quiero que me escuchen atentamente: Yo Soy un Dios en quien pueden confiar. Tú Me puedes seguir y confiar en Mí completamente. Cuando digo que vengo y que Me busquen, es porque ciertas cosas específicas están sucediendo; conoce pues, que en esta Palabra se puede confiar. Mi Palabra es Consistente, Confiable, Sólida. Yo no cambio. Lo que digo, yo lo hago, lo haré, No me inmuto. Yo no puedo ser movido. Yo iré a rescatar a MI novia. ¿Vas a formar parte de ella? ¿Vas a morir a tí mismo y entregar tu vida a Mí, por completo? Si no lo haces, entonces, como dice Mi Palabra, no puedo llevarte Conmigo.

Para estar preparado para MI Reino, tengo que ver en tu corazón, remordimiento por tu pasado pecaminoso y un deseo de darme tu vida: en plena rendición, aunque tú no sabes lo que esto significa, debes estar dispuesto a confiar en Mí.

La hora se acerca para MI pronto regreso. La tierra se ha vuelto groseramente contra Mí, abrazando a MI enemigo y sus caminos. Pocos realmente buscan el camino de la Santidad: la separación del mundo que requiero de MI novia. El mundo es demasiado tentador. Ofrece sólo la muerte, pero pocos ven el disfraz de Mi enemigo que viene como un ángel de luz. Pocos quieren creer Mis Palabras, creer que Yo requiero separación del amor que tienes por el mundo y sus caminos. El mundo camina fuera de Mi voluntad y se mueve agresivamente contra Mis Caminos, Mis Caminos Preciosos.

Hijitos, os he dado muchas señales que deben buscar. Sabes lo que hay que buscar. Mis Palabras son ciertas. No es casualidad que se vean tantas cosas que están escritas en Mi Palabra y que ahora están pasando. Sólo aquellos que no quieren ver, se niegan a creer, y no pueden ver lo que hay delante de ellos. No puedo ayudarte si no lees Mi Libro y Me buscas de toda Verdad. Sólo con una entrega total, con un arrepentimiento por tus pecados, y un completo llenado de Mi Espíritu Santo, se caen las escamas de tus ojos espirituales, para que Mi Palabra, y Mi Verdad cobren vida para ti.

Si tu te aferras al mundo, te aferras a la muerte. Este mundo se está muriendo y cuanto más se aleja de Mí, su Dios, más muerte vendrá sobre ella y los que la habitan. Estate listo para partir cuando venga por MI novia, Mi Verdadera Iglesia. Esta es la única manera para la vida. Si abrazas el mundo, morirás. Ella es una enemistad hacia Mí. Acércate, Conóceme.

Hijos, pongan su amor por el mundo a un lado. Ven a conocer el verdadero significado del Amor a través de Mí.

YO SOY DIOS JEHOVÁ.

TODOPODEROSO.

ETERNO.

CANCIÓN DE LOS SANTOS,

TU SEÑOR Y SALVADOR,

DIOS ALTÍSIMO.

APOYOS BÍBLICOS:

MATEO 24:6-8: Y oiréis de guerras y rumores de guerras; mirad que no os turbéis, porque es necesario que todo esto acontezca; pero aún no es el fin. Porque se levantará nación contra nación, y reino contra reino; y habrá pestes, y hambres, y terremotos en diferentes lugares.

MARCOS 13:28-37: De la higuera aprended la parábola: Cuando ya su rama está tierna, y brotan las hojas, sabéis que el verano está cerca. Así también vosotros, cuando veáis que suceden estas cosas, conoced que está cerca, a las puertas. De cierto os digo, que no pasará esta generación hasta que todo esto acontezca. El cielo y la tierra pasarán, pero mis palabras no pasarán. Pero de aquel día y de la hora nadie sabe, ni aun los ángeles que están en el cielo, ni el Hijo, sino el Padre. Mirad, velad y orad; porque no sabéis cuándo será el tiempo. Es como el hombre que yéndose lejos, dejó su casa, y dio autoridad a sus siervos, y a cada uno su obra, y al portero mandó que velase. Velad, pues, porque no sabéis cuándo vendrá el señor de la casa; si al anochecer, o a la medianoche, o al canto del gallo, o a la mañana; para que cuando venga de repente, no os halle durmiendo. Y lo que a vosotros digo, a todos lo digo: Velad.

SANTIAGO 4:4: ¡Oh almas adúlteras! ¿No sabéis que la amistad del mundo es enemistad contra Dios? Cualquiera, pues, que quiera ser amigo del mundo, se constituye enemigo de Dios.

JUAN 12:25: El que ama su vida, la perderá; y el que aborrece su vida en este mundo, para vida eterna la guardará.

JUAN 15:19: Si fuerais del mundo, el mundo amaría lo suyo; pero porque no sois del mundo, antes yo os elegí del mundo, por eso el mundo os aborrece.

1 JUAN 2:15: No améis al mundo, ni las cosas que están en el mundo. Si alguno ama al mundo, el amor del Padre no está en él.

DEUTERONOMIO 30:9-10: Y te hará Jehová tu Dios abundar en toda obra de tus manos, en el fruto de tu vientre, en el fruto de tu bestia, y en el fruto de tu tierra, para bien; porque Jehová volverá a gozarse sobre ti para bien, de la manera que se gozó sobre tus padres, cuando obedecieres a la voz de Jehová tu Dios, para guardar sus mandamientos y sus estatutos escritos en este libro de la ley; cuando te convirtieres a Jehová tu Dios con todo tu corazón y con toda tu alma.

2. UNA ENTREGA PARCIAL CONDUCE A LA MUERTE.

El Señor dio esta Palabra a Susan, el 4 de mayo del 2012.

Sólo yo, te doy el Poder que necesitas para mantenerte en Mi voluntad. La carne, no puede tener éxito cuando trata de permanecer en la Voluntad de Dios. Sólo por Mi Poder, es que cualquier hombre, puede tener éxito andando en Mi Voluntad, la carne no puede lograr esta tarea. Es el poder del Espíritu Santo.

Una entrega parcial no da la Plenitud a Mi Espíritu, para que el individuo pueda estar bajo la Potencia que controla Mi Espíritu, por lo tanto no podrías alejar con éxito al mal, el pecado, ni estar en Mi voluntad. Se te considera, tibio y perdido. Una renuncia parcial no es, arrepentimiento. No se equivoquen, una entrega parcial conduce a la muerte, lo mismo que una negación absoluta de Mi como DIOS.

El arrepentimiento, es la clave, para la entrega de la persona. Si todavía estás creyendo que no tienes pecado o que no necesitas perdón ¿cómo puedes ser liberado del mal que aún te controla?

El remordimiento por el pecado, es el comienzo de la curación del corazón, de la sanación del alma y del espíritu, porque todo está interrelacionado. Un corazón arrepentido, es un corazón humilde, y puede recibir la salvación del alma, entrar en MI Reino y recibe el Espíritu Santo por medio del bautismo.

Esto es parte de la liberación de la persona, hacia la libertad de ser liberado de espíritus demoníacos: un VERDADERO REMORDIMIENTO por el pecado pasado, con el RECONOCIMIENTO DEL PECADO ante un Dios Santo, luego el

LLENADO de Mi Espíritu y la TOTAL SUMISIÓN de la persona a Mis Caminos, y a Mí, como SEÑOR y MAESTRO.

Todas las demás expresiones son débiles e ineficaces. La persona debe presentarse a Mí por completo, para ser relevado del poder de MÍ enemigo y que Yo sea su MAESTRO INDISCUTIBLE para que pueda estar caminando en MI Voluntad, vencer el pecado y llenarse del Poder de MI ESPÍRITU. Si no haces como te digo, el individuo nunca será capaz de enfrentar con éxito y vencer al pecado en su vida. Este es el Camino estrecho. Todos los demás caminos conducen a la destrucción.

DEUTERONOMIO 30:19: A los cielos y a la tierra llamo por testigos hoy contra vosotros, que os he puesto delante la vida y la muerte, la bendición y la maldición; escoge, pues, la vida, para que vivas tú y tu descendencia;

Mis hijos, está hablando Jehová. Vengo muy pronto. MI Venida está cerca, a la puerta. Yo Vengo. Tú necesitas prepararte.

Este diario se completó durante un ayuno de 40 días realizado por Mi hija Susan. Lo hizo rápido por Mi petición. La llevé a una apartada ubicación, de modo que ella pudiera morir a sí misma. Durante ese tiempo, le he dado muchas palabras que quería transmitir a Mis hijos. Entonces ella escribió Mis Palabras que Yo le di. Todas estas cartas tienen información importante que necesitas leer y considerar, porque Mi venida está cerca.

ESTE ES TU SEÑOR Y SALVADOR, YAHUSHUA.

20 DE MAYO DEL 2012.

PALABRAS DEL SEÑOR PARA HOY (Publicado en www.End-Times- Prophecy.Com)

QUERIDOS FIELES SEGUIDORES DE CRISTO:

En esta carta, hay muchas cosas importantes que hay que tener en cuenta: tres cartas de advertencia de nuestro Señor, de los tiempos finales; importantes actualizaciones semanales de los sueños y visiones de los últimos tiempos, de los jóvenes Jonathan y Sebastián y de las visiones de Buddy Baker; anuncio GRATIS de nuestra próxima Conferencia del Final de los Tiempos; información sobre los Últimos Tiempos. Los informes de noticias, y el anuncio del libro la Cena de las Bodas del CORDERO, con PALABRAS importantes de nuestro Señor. ¡DIOS lo bendiga a usted!

SALGAN DE LAS IGLESIAS RAMERAS.

El Señor dio esta Palabra a Susan, el 14 de mayo del 2011.

ESCUCHA MIS PALABRAS, PUES YO VOY A DIRIGIR TU ESCRITURA:

HIJITOS, SOY YO, EL SEÑOR. HAY MUCHO QUE TENGO QUE IMPARTIR EN USTEDES:

El mundo se ha vuelto contra Mí cada vez más. Se han vendido al diablo. Es un momento aterrador para los habitantes de esta tierra. Estoy quitando Mi Mano de protección de las personas. Porque No Me consideran. Han elegido contra Mí, por lo que debo entregarlos a su propio pecado. Debo dejar que luchen en su propio pecado. Pronto se darán cuenta de lo que significa alejarse de un Dios Santo, para ir tras otras fuentes de ayuda.

Mis niños, cuando buscan al mundo como su fuente de seguridad, aprenderán que sólo están agarrando el aire vacío. Estás confiando tu vida a Mi enemigo. Él tiene planes para tu vida y nada de eso es bueno porque él viene a robar, matar y destruir.

Hijos, solo Yo ofrezco alivio para el futuro incierto que temes. Yo Soy lo SEGURO. Yo Soy El CONFIABLE. Puedes confiar en Mí. Yo puedo salvarte de este mundo que se derrumba. Mis hijos, aunque el mundo continúa en su espiral descendente del mal, hay esperanza en Mí. Yo Soy el Camino Seguro, el Camino de salvación.

Ven a Mí en humilde sumisión. Dame tu corazón, tu vida. Deja que te llene de MI ESPÍRITU. No hay otra respuesta. No hay otra manera.

Arrepiéntete de tus pecados por perseguir al mundo y sus caminos y buscar sus riquezas y las tradiciones de los hombres para tus respuestas. Aléjate tu mismo de la iglesia ramera, que se niega a seguir a MI ESPÍRITU. Corre de las iglesias que bloquean el camino para el movimiento de Mi ESPÍRITU.

Aquellos que bloquean a Mi Espíritu y lo mantienen a raya, son nada menos que los lobos con piel de oveja y el precio que pagarán por obstruir Mi trabajo, será la condenación eterna.

Salgan de las iglesias rameras, hijos míos. Salid porque es fría y tibia. Ven lejos de las iglesias muertas. Búscame a Mí en toda Mi Plenitud. No se puede luchar contra el enemigo, sin la llenura de Aceite en la Lámpara. Ni siquiera puedes verlo. Llena tu Lámpara y te voy a dar nuevos ojos para ver Mi Palabra más claramente, y para que seas audaz en la difusión de Mi Palabra, pero debes venir a Mí en humilde arrepentimiento, y seguir el Único Camino Verdadero, el Camino Angosto. Sólo aquellos que han escapado de los caminos de los tibios, estarán listos cuando regrese por Mi iglesia. Yo vengo por una iglesia que esté llena de MI ESPÍRITU SANTO Y FUEGO y no por la iglesia fría y moribunda que no me ama.

Oh, iglesia de los muertos vivientes: Ven a Mí antes de que esta gran hora de desastre esté sobre ti. Libérate de la esclavitud de las tradiciones de los hombres y del funcionamiento del diablo. Él te tiene firmemente en su agarre. Estás muy engañado. Quítate la venda que tapa tus ojos y gira hacia Mí y pídeme colirio, para que Yo te muestre la Verdad.

La hora es corta. Este mundo se está muriendo. Pronto volveré para quitar a MI iglesia, a los que me aman más que al mundo. Mírame, antes de que sea demasiado tarde. Vuelve mientras todavía seas capaz. Los hombres malvados van en aumento. No seas agarrado desprevenido. Mis advertencias son seguras y Mi Palabra es Verdadera.

Yo Soy un Dios que no miente. MI Palabra, está por acontecer, al igual que Yo dije que lo haría. Lee Mi Palabra. Mira que Yo Soy un Dios que es fiel a Su Palabra.

FIEL AMIGO MÁS UNIDO QUE UN HERMANO,

SEÑOR DIOS TODOPODEROSO.

APOYOS BÍBLICOS:

JUAN 10:10: El ladrón no viene sino para hurtar y matar y destruir; yo he venido para que tengan vida, y para que la tengan en abundancia.

JOB 8:13-14: Tales son los caminos de todos los que olvidan a Dios; Y la esperanza del impío perecerá; Porque su esperanza será cortada, Y su confianza es tela de araña.

SALMO 16:11: Me mostrarás la senda de la vida; En tu presencia hay plenitud de gozo; Delicias a tu diestra para siempre.

MATEO 25:3-4: Las insensatas,   tomando sus lámparas, no tomaron consigo aceite; mas las prudentes tomaron aceite en sus vasijas, juntamente con sus lámparas.

MATEO 6:24: Ninguno puede servir a dos señores; porque o aborrecerá al uno y amará al otro, o estimará al uno y menospreciará al otro. No podéis servir a Dios y a las riquezas.

MATEO 7:15: Guardaos de los falsos profetas, que vienen a vosotros con vestidos de ovejas, pero por dentro son lobos rapaces.

PROVERBIOS 18:24: El hombre que tiene amigos ha de mostrarse amigo; Y amigo hay más unido que un hermano.

CONOCEME A MÍ Y A MIS CAMINOS, PUES ESTE ES EL SIGNIFICADO DE LA VIDA.

El Señor dio esta Palabra a Susan, el 14 de mayo del 2012.

PALABRAS DEL SEÑOR:

TU TIENES SOLO DOS DIRECCIONES, SÓLO DOS, EN EL CUAL, O BIEN ME SIGUES TOTALMENTE O VAS CON MI ENEMIGO.

ESCUCHA ATENTAMENTE LAS PALABRAS QUE TE DOY:

Hija, Yo vengo y Mi tiempo para recoger a Mis hijos está acercándose, y muchos no saben de Mi, porque a muchos ni siquiera les importa Conocerme.

Yo Soy un DIOS que vale la pena conocer. Creé a cada niño. He demostrado gran esfuerzo en la creación de Mis hijos. Amo a TODOS Mis hijos, como Sólo un padre amaría a los suyos. Muchos creen que no, que Yo Soy distante, lejano. Esto no es cierto en lo absoluto. Soy bastante accesible, si la gente Me persiguiera. Si sólo lo hicieran y buscaran Mi Rostro. Acércate, ven a Conocerme, realmente conóceme.

No hay nada más grande ni más importante, que CONOCER A DIOS Y CONOCERME A MÍ Y MIS CAMINOS. ESTE ES EL SIGNIFICADO DE LA VIDA.

Todas las demás actividades no tienen sentido, fuera de la Voluntad de Dios: la Voluntad de Aquel que te ha creado.

¿Por qué caminar en tu vida, fuera de la Voluntad de tu Creador? Sí te apartas de Mi Voluntad, estás en la voluntad del diablo. Sí, tú estás en tu libre albedrío, eligiendo caminar el camino ancho y no el camino angosto. Tú caminas mano a mano con el diablo, te des cuenta o no.

Estar fuera de Mi Voluntad, es estar en la voluntad del enemigo y estás jugando con fuego y darás lugar a tu destrucción final. Para estar completamente y de forma segura en Mi Voluntad, debes entregar tu todo a Mí, debes arrepentirte de tus pecados con un corazón arrepentido. Llénate de MI ESPÍRITU.

Permíteme entrar en tu vida y te llevaré a un llenado completo de MI ESPÍRITU, una Lámpara llena de Aceite. No hay otra manera.

Puedes buscar otros caminos, pero sólo UNO, lleva a MI PADRE y es a través de MI, EL SEÑOR Y SALVADOR de la humanidad. Todos los otros caminos conducen a la destrucción.

Hijos, Yo Soy un DIOS HUMILDE. Yo estuve dispuesto a dar Mi VIDA, y de una manera humillante. Me entregué por todos tus pecados, pagué tu precio, para rescatarte, y para derrotar el dominio de Mí enemigo en tu vida, y librarte de la esclavitud eterna, del tormento, y destrucción en el infierno.

Tú tienes sólo dos direcciones, o bien me sigues totalmente a Mí, o vas con Mi enemigo y él es tu padre, el padre de la mentira.

Hasta que pongas tu vida a Mis Pies, tú perteneces al diablo.

Cuándo Mis hijos pasan tiempo Conmigo, pero a la vez rechazan darme su todo en una completa rendición, ellos están todavía participando con Mi enemigo. Tú no puedes venir a Mi Reino, a menos que tú gires tu vida hacia Mí, plenamente.

Yo Soy un Dios Celoso. No comparto con otros dioses. Mis niños, o pertenecen a Mí, en una entrega total y Me persiguen en sus corazones diariamente o pertenecen al diablo, y el diablo es su dios, él gobierna sus corazones, y están lejos de Mí, porque actúan en la voluntad que ustedes han elegido. De esta manera ustedes adoran al diablo y sus caminos, cuando están fuera de Mi Voluntad.

No hay término medio. Mis hijos tienen que estar rendidos a Mí completamente o no son parte de Mí: Mi Espíritu no se mueve a través de ellos, trabajan en contra de Mi Reino y hacen la voluntad de Mi enemigo. Esto es pura maldad, aunque pocos lo ven y pocos encuentran el Camino Estrecho en Mi Reino.

Sólo hay un pequeño remanente que vendrá Conmigo, fuera de la tierra, cuando Yo llame y los lleve a Mi Hogar, a Mi iglesia. Aquellos que se someten a Mí totalmente, son sólo aquellos que están dispuestos a deponer sus vidas y salir del camino ancho, de los caminos del mundo y de Mi enemigo. Pocos están dispuestos a hacer esto.

Por lo tanto, solo algunos heredarán el Reino de los Cielos.

Lean Mi libro. He sido claro en este punto.

No puedes modificar las Palabras de Mi Libro. Es Mi Verdad. Pocos encuentran el Camino Estrecho. ¿Quieres ser uno de ellos? Vamos, pon tu vida a Mis Pies. Permíteme usarte para alcanzar a otros. Permíteme tener acceso a tu vida para que Yo te pueda llenar con MI ESPÍRITU, y te haga apto para el Cielo y te lleve a la tranquilidad y a la paz, la paz que sobrepasa toda comprensión. Este es el propósito de tu vida: amar y servirme a MÍ, tu CREADOR y estés salvo y completo, a través de la llenura de Mi Espíritu.

Déjame llevar tus cargas. Tu vida no tiene por qué estar destinada a vivir en el miedo. Echa tus ansiedades sobre Mí. Hazme tu DIOS, adórame solo a Mí, y Yo te libraré, llevándote a un lugar seguro. La hora es corta, tienes muy poco tiempo. No elijas contra Mí.

Te conozco. Yo te creé. No te separes de Mí por la eternidad.

YO SOY TU PADRE AMOROSO,

SOBERANO DEL CIELOS Y LA TIERRA.

ETERNO YO SOY.

APOYOS BÍBLICOS:

SALMO 42:1: Como el ciervo brama por las corrientes de las aguas, Así clama por ti, oh Dios, el alma mía.

MATEO 7:13: Entrad por la puerta estrecha; porque ancha es la puerta, y espacioso el camino que lleva a la perdición, y muchos son los que entran por ella;

MATEO 7:21: No todo el que me dice: Señor, Señor, entrará en el reino de los cielos, sino el que hace la voluntad de mi Padre que está en los cielos.

JUAN 8:44: Vosotros sois de vuestro padre el diablo, y los deseos de vuestro padre queréis hacer. Él ha sido homicida desde el principio, y no ha permanecido en la verdad, porque no hay verdad en él. Cuando habla mentira, de suyo habla; porque es mentiroso, y padre de mentira.

MARCOS 10:45: Porque el Hijo del Hombre no vino para ser servido, sino para servir, y para dar su vida en rescate por muchos.

MATEO 7:14: porque estrecha es la puerta, y angosto el camino que lleva a la vida, y pocos son los que la hallan.

ÉXODO 15:11: ¿Quién como tú, oh Jehová, entre los dioses? ¿Quién como tú, magnífico en santidad, Terrible en maravillosas hazañas, hacedor de prodigios?

3. LA HORA DE MI REGRESO SE ACERCA.

El Señor dio esta Palabra a Susan, el 17 de mayo del 2012.

PALABRAS DEL SEÑOR:

TODO LO QUE HE PROMETIDO EN MI LIBRO, LA BIBLIA, ESTA ACONTECIENDO TODO JUNTO, ANTE TUS PROPIOS OJOS.

ESCUCHA CON ATENCIÓN POR QUE VOY A DAR NUEVAS PALABRAS:

HIJOS, ESCUCHENME A MÍ. ESTE ES SU SEÑOR:

La hora de Mi regreso se está acercando. Si tú estás percibiendo, ya sabes esto. Mis hijos, no pueden negar que el mundo se está convirtiendo cada vez más un lugar oscuro y malo. Todos están dándome la espalda al unísono. Sólo MI remanente, Mi novia permanece intacta. Ella es pequeña en número, porque solo algunos me persiguen en el nivel que se requiere, todos los demás tienen hambre del mundo. El mundo los tiene agarrados con demasiada fuerza.

Pronto, voy a colocar a un lado a los pocos que realmente Me buscan y voy a dejar que el resto enfrente Mi ira y la venganza de Mi enemigo. La humanidad va a sufrir en esta, la última hora. Estos días están a punto de llegar a buen término. Te estoy dando aviso con suficiente antelación. Te estoy suministrando una abundancia de señales y mensajes que he enviado por delante para advertirte.

Mis Palabras y Mis advertencias han sido claras, pero muchos no elegirán, considerarlo. Muy pocos parecen estar alarmados por lo que viene a esta tierra. Ya los afectos están siendo vistos de que he levantado MI Mano de protección sobre la tierra.

Hijos, vengan a sus sentidos. Miren a su alrededor. Vean que Mis advertencias y mensajes están llegando a pasar y todo lo que les prometí en MI LIBRO, la biblia, está llegando a acontecer uno tras otro, ante tus propios ojos. Saca tus anteojos. Mira a tu alrededor. Lee Mi Libro. Búscame a Mí, través de la Humildad y la Oración. Yo te mostraré la Verdad y te llevará por Mi Camino Seguro. Todos los demás caminos están marcados por la muerte. Deja el mundo atrás. Búscame para la Verdad y la seguridad, con humildad.

Arrepiéntete de tus pecados. Entrega tu vida completamente a Mí. Yo te salvaré. Estoy dispuesto.

Tú no puedes salvarte. Nadie puede salvarte, pero Yo sí. Es con Mi Sangre derramada en el calvario que he pagado el rescate por tu vida de pecado, en contra de un Dios Santo. Déjame asegurar tu futuro Conmigo por la eternidad.

Ven Conmigo cuando Yo recupere a Mi novia.

Estoy listo. ¿Lo Estás Tú? ¿Vas a venir a Mi lugar seguro? Pregúntate a ti mismo y decide estar bien con tu Dios. La hora se está acabando.

SU REY, REDENTOR, SALVADOR.

ADONAI.

APOYOS BÍBLICOS:

LUCAS 21:11: y habrá grandes terremotos, y en diferentes lugares hambres y pestilencias; y habrá terror y grandes señales del cielo.

1 JUAN 2:15: No améis al mundo, ni las cosas que están en el mundo. Si alguno ama al mundo, el amor del Padre no está en él.

FILIPENSES 2:15: para que seáis irreprensibles y sencillos, hijos de Dios sin mancha en medio de una generación maligna y perversa, en medio de la cual resplandecéis como luminares en el mundo.

MATEO 20:16: Así, los primeros serán postreros, y los postreros, primeros; porque muchos son llamados, mas pocos escogidos.

HECHOS 20:28: Por tanto, mirad por vosotros, y por todo el rebaño en que el Espíritu Santo os ha puesto por obispos, para apacentar la iglesia del Señor, la cual él ganó por su propia sangre.

HEBREOS 9:12: y no por sangre de machos cabríos ni de becerros, sino por su propia sangre, entró una vez para siempre en el Lugar Santísimo, habiendo obtenido eterna redención.

HEBREOS 13:12: Por lo cual también Jesús, para santificar al pueblo mediante su propia sangre, padeció fuera de la puerta.

APOCALIPSIS 1:5: y de Jesucristo el testigo fiel, el primogénito de los muertos, y el soberano de los reyes de la tierra.

4. NO TE DESESPERES EN ESTOS DÍAS OSCUROS.

El Señor dio esta Palabra a Susan, el 20 de mayo del 2012.

PALABRAS DEL SEÑOR PARA HOY.

NO TE DESESPERES POR LOS DÍAS OSCUROS.

AHORA VAMOS A EMPEZAR.

HIJITOS, SOY YO, EL SEÑOR:

La hora se acerca para MI pronto regreso, y muchos todavía ni siquiera Me conocen. Yo Soy un Dios que puede ser conocido y encontrado. Soy un Dios, que puede acercarse. No estoy lejos. Estoy siempre cerca de aquellos que Me buscan.

No te desesperes en estos días oscuros. Si tú te rindes a Mí, tú estarás seguro. Denme su todo, hijos. Te llevaré en Mis brazos amorosos, te tendré cerca, y te mantendré a salvo. Vengo pronto a recoger a Mi novia y dejarla en la seguridad. Ella no tiene por qué temer a ninguna cosa.

Aunque en el mundo se está haciendo de noche y hay muchas cosas oscuras pasando, Yo voy a guiar a Mis hijos a través de las más oscuras horas. No hay nada que Mi novia tenga que temer. Ella está a salvo bajo Mi protección. Le doy seguridad, a pesar de que la tierra se está volviendo oscura y desolada. No voy a renunciar a ella ni a dejarla a que le haga frente a lo peor. Ella permanecerá segura hasta que la retire a ella hacia donde vivo.

La oscuridad se vierte sobre la tierra. Los Hombres malvados, se están aumentando, y sus actos en contra de Dios, se levantan hasta Mi Trono. Veo los actos de los hombres malos en toda la tierra. Nada se oculta de Mí. Todo lo que se oculta a la vista, no se me oculta a Mí. Sé todo lo malo que sucede en la tierra. Nada está encubierto en Mi Trono, veo todo, sé todo.

Hijos, la novia no está destinada para la hora oscura que se acerca. Ella está destinada para ser custodiada.

Así que no temas a lo que viene. Estos son los dolores de parto. Pondré a Mi novia en un lugar seguro.

¿Eres Mi novia?

Anímense unos a otros para tratar de ser Mi novia. Ella es la que Yo quiero sacar de la tierra. Se perderán todos los demás. Pronto voy a levantarla a los cielos para que esté conmigo, segura y fuera del alcance de Mi enemigo.

Alégrate, porque tu paciencia será recompensada. Yo vengo con MI Recompensa. Así que prepárate para Mi regreso. La hora se acerca: Levántate y búscame para Mi llegada. Mírame. Bienaventurados los que están mirando los tiempos, para ellos es el Reino de los cielos.

Preciosos serán a Mis ojos cuando Mis hijos tomen vuelo. Los haré reunirse Conmigo en el aire y maravillosa será su llegada a Mis celestiales. Este es Mi regalo para Mis seguidores destinados a ser puestos en libertad y vivir eternamente Conmigo, para compartir el Amor Eterno y la risa con su REY. Glorioso es el camino de Mi novia. Ella se abrazó a Mi amor por toda la eternidad. Vengan mis niños, vengan a Mí. Esta es la hora, hijos. Agárrate de Mi Verdad. Lee Mi Palabra. Llega a Conocerme.

Da tu vida por Mí. Entrega tu todo a Mí. Vuélvete de tu mal y sígueme. Arrepiéntete de tus pecados. Permíteme que te cubra con MI Sangre, Mi Sangre derramada y el rescate pagado por tu pecado.

Yo te recibiré, y te llamaré, MÍA. Así que ven, el día de hoy a caminar Conmigo. Te prepararé con el lavado de MI Palabra y la llenura de Mi Espíritu, para que vivas Conmigo por toda la eternidad. Ven al novio. Ven déjame amarte y tenerte para la eternidad. Deja tus problemas y preocupaciones detrás de ti. Esto es salvación, esto es la libertad, esto es tuyo, Tengo muchos deseos de darte todo a ti. Ven a vivir Conmigo en Mi Reino para siempre. Tú eres el único que se interpone entre nosotros. Tú eres el único que nos mantiene separados.

La hora está casi culminada. ¿Dónde va a estar tu voluntad cuando Yo llegue a buscar a Mi novia? No puedo llevarte Conmigo si tú eliges estar en Mi contra.

Yo, la Belleza, no ha cumplido con la gran hora que le espera a Mi novia. Ella aún no ha experimentado la última belleza de su DIOS. Pronto entenderá el significado de BELLEZA.

Te está hablando EL AMOR Y LA BELLEZA, he aquí vuestro DIOS espera por ti, querida novia.

APOYOS BÍBLICOS:

2 TESALONICENSES 2:13-17: Pero nosotros debemos dar siempre gracias a Dios respecto

a vosotros, hermanos amados por el Señor, de que Dios os haya escogido desde el principio para salvación, mediante la santificación por el Espíritu y la fe en la verdad, a lo cual os llamó mediante nuestro evangelio, para alcanzar la gloria de nuestro Señor Jesucristo. Así que, hermanos, estad firmes, y retened la doctrina que habéis aprendido, sea por palabra, o por carta nuestra. Y el mismo Jesucristo Señor nuestro, y Dios nuestro Padre, el cual nos amó y nos dio consolación eterna y buena esperanza por gracia, conforte vuestros corazones, y os confirme en toda buena palabra y obra.

SALMO 36:7: ¡Cuán preciosa, oh Dios, es tu misericordia! Por eso los hijos de los hombres se amparan bajo la sombra de tus alas.

1 JUAN 1:9: Si confesamos nuestros pecados, él es fiel y justo para perdonar nuestros pecados, y limpiarnos de toda maldad.

JOB 31:4: ¿No ve él mis caminos, Y cuenta todos mis pasos?

JEREMÍAS 23:24: ¿Se ocultará alguno, dice Jehová, en escondrijos que yo no lo vea? ¿No lleno yo, dice Jehová, el cielo y la tierra?

EFESIOS 5:25-27: Maridos, amad a vuestras mujeres, así como Cristo amó a la iglesia, y se entregó a sí mismo por ella, para santificarla, habiéndola purificado en el lavamiento del agua por la palabra, a fin de presentársela a sí mismo, una iglesia gloriosa, que no tuviese mancha ni arruga ni cosa semejante, sino que fuese santa y sin mancha.

2 CRÓNICAS 20:21: Y habido consejo con el pueblo, puso a algunos que cantasen y alabasen a Jehová, vestidos de ornamentos sagrados, mientras salía la gente armada, y que dijesen: Glorificad a Jehová, porque su misericordia es para siempre.

5. NO ME COMPLACE CASTIGAR A LOS HOMBRES.

El Señor dio esta Palabra a Susan, el 21 de mayo del 2012.

PALABRAS DEL SEÑOR:

OH, LA TRISTEZA DE ESTAR LEJOS DE DIOS.

Susan, el mundo se está derrumbando, hija. Se esfuerzan en vano. Ellos buscan las cosas del mundo.

Conozco a esta gente que no Me persigue. Mi amor está lejos de ellos. El mundo me dio la espalda a Mí.

Sufro por este mundo perdido. Me apena hija. Hay mucha tristeza en el mundo. El mundo está triste porque se apartó de su Dios, el Dios que lo creó. Este mundo no Me busca. Pronto el mundo va a conocer Mi ira y Mi rechazo. El mundo verá lo que significa estar apartado de Mí. Pronto voy a dar rienda suelta a Mi Ira y la gente sabrá lo que significa estar lejos de Dios.

No me complace este mundo, Mi hija. Ella continúa sin Mí. Ella se mueve en una dirección que se aleja de Dios. Oh, la tristeza de estar lejos de Dios. Oh, el vacío y el anhelo de los hombres perdidos por toda la eternidad. No me complace castigar a los hombres. Yo no encuentro ningún placer, el enviarlos a la basura, pero no Me conocen. No Me persiguen.

Ellos deciden no conocer a su Dios. Oh, si los hombres ME buscaran, qué felicidad ME concederían, Les enviaría la lluvia tardía, Les llenaría de Amor y Felicidad.

Si los hombres Me buscaran, fluiría MI amor por ellos y no habría ningún final por motivo de Mi amor abundante. Mi Gracia y La

Misericordia son sin fin para los que Me buscan a Mí. Pero para aquellos que Me rechazan: torrentes de tristeza y maldiciones fluirán sobre ellos.

No hay fin para la tristeza en la cara de los hombres que optan en Mi contra. Yo Soy un Dios que no está para burlarse de Él. Recuerdo todos los detalles de la vida de los hombres, de los que Me conocen y de los que no Me conocen. Todo queda al desnudo delante de Mí en Mi Trono, no hay nada oculto. No hay ningún secreto para Dios. Mejor es no apreciar este mundo, sino dedicarse y anhelar a Dios y a MIS Caminos.

Busca a Dios y encuentra seguridad. Continuar con Mi enemigo es perderse para siempre. Las opciones son simples, pero los hombres las hacen complicadas, por eso pocos a su vez me eligen a Mí. Pocos me escogen: los que a su vez, son bendecidos, porque son los que no sufrirán mucho.

Vuelve hoy, hacia MÍ. Estas oportunidades no estarán aquí mucho más tiempo, pues Yo voy a buscar a Mi novia y ponerla en un lugar seguro. Añoro a Mi novia. Ella viene Conmigo pronto.

YO SOY EL AMOR TRIUNFANTE,

EL SEÑOR, ALFA Y OMEGA.

APOYOS BÍBLICOS:

HEBREOS 3:7-13: Por lo cual, como dice el Espíritu Santo: Si oyereis hoy su voz, No endurezcáis vuestros corazones, Como en la provocación, en el día de la tentación en el desierto, donde me tentaron vuestros padres; me probaron, Y vieron mis obras cuarenta años. A causa de lo cual me disgusté contra esa generación, Y dije: Siempre andan vagando en su corazón, Y no han conocido mis caminos. Por tanto, juré en mi ira: No entrarán en mi reposo. Mirad, hermanos, que no haya en ninguno de vosotros corazón malo de incredulidad para apartarse del Dios vivo; antes exhortaos los unos a los otros cada día, entre tanto que se dice: Hoy; para que ninguno de vosotros se endurezca por el engaño del pecado.

2 CORINTIOS 4:4: en los cuales el dios de este siglo cegó el entendimiento de los incrédulos, para que no les resplandezca la luz del evangelio de la gloria de Cristo, el cual es la imagen de Dios.

JEREMÍAS 23:24: ¿Se ocultará alguno, dice Jehová, en escondrijos que yo no lo vea? ¿No lleno yo, dice Jehová, el cielo y la tierra?

JUAN 3:18-20: El que en él cree, no es condenado; pero el que no cree, ya ha sido condenado, porque no ha creído en el nombre del unigénito Hijo de Dios. Y ésta es la condenación: que la luz vino al mundo, y los hombres amaron más las tinieblas que la luz, porque sus obras eran malas. Porque todo aquel que hace lo malo, aborrece la luz y no viene a la luz, para que sus obras no sean reprendidas.

PROVERBIOS 18:10: Torre fuerte es el nombre de Jehová; A él correrá el justo, y será levantado.

APOCALIPSIS 22:13: Yo soy el Alfa y la Omega, el principio y el fin, el primero y el último.

EL MUNDO SE ESTÁ VOLVIENDO MALVADO, COMO SU MAESTRO.

El Señor dio esta Palabra a Susan, el 23 de mayo del 2012.

PALABRA DEL SEÑOR:

EL MUNDO SE ESTÁ VOLVIENDO MALVADO, COMO SU AMO.

SÍ HIJA, POR FAVOR, ACABA DE ESCRIBIR MIS PALABRAS:

HIJITOS, SOY YO, TU PADRE QUE HABLA. QUIERO DIRIGIRME A USTEDES EN ESTE MOMENTO:

Pronto, muy pronto, MI HIJO va a traerlos, para salir de la tierra. Sí, Este mensaje es para aquellos que toman en serio MIS PALABRAS, para los que ME siguen con fuerza.

Si usted está eligiendo al mundo por sobre MÍ, estará perdido, sólo ME tienen, los que ME persiguen con el corazón abierto, los que todo tiempo siempre me eligen a MÍ con el deseo sincero de seguirme. Todos los otros que optan por el mundo y sus caminos desaparecerán.

YO SOY, Tu Dios, el Altísimo, desea que todos los hombres se salven.

El camino del Cielo está abierto a todo el que ve y pone su vida y recibe la Sangre comprada como rescate pagado por MI HIJO en la Cruz del Calvario. Este precio fue pagado para usted. Está disponible en su caso. Es un regalo para usted, solo tiene que pedirlo.

MI AMOR es tan grande, que di a MI ÚNICO HIJO para que usted pueda tener vida, vida eterna, vida abundante, su vida por LA VIDA. Este fue el precio pagado. Ahora debe decidir. ¿Está usted dispuesto a dar su vida y recibir este regalo gratis para reclamar la gloria del premio eterno: vivir con el DIOS VIVO todos sus días?

Si decide contra este gran regalo, usted experimentará la muerte, destrucción, tormento y será echado fuera de la presencia de Dios por toda la eternidad. Esta es el castigo por no recibir este regalo gratuito.

La decisión es suya. Usted tiene bendiciones o maldiciones en su mano: ¿si se aferra a ella, o si va a dejarla ir? Yo digo, aférrese a las bendiciones: vea la marca de la mano de MI HIJO, que fue perforado por un clavo, su Señor y Salvador. Denuncie al capitán de su alma, satanás, MI enemigo. Salga de su control sobre su vida. Elija este día, bendiciones. Coloque su vida a los pies de MI HIJO. Él solo es Digno. HE pagado el precio y morí una muerte humillante. Sin piedad se le concedió a Mi enemigo. Él roba, mata y destruye.

La hora está menguando, MIS hijos. Muy poco tiempo queda. El mundo se está volviendo malvado como su amo. MIS Caminos no tendrán cabida en este mundo nunca más. El mundo no quiere honrarme a Mí, su DIOS. El tiempo es corto para este mundo y sus caminos. Pronto Mis niños serán removidos y la única luz que queda se apagará.

¿Qué elegirás? ¿Vas a dar la vida para seguirme a MÍ y a MIS Caminos o se endurecerá después, y seguirá a Mi enemigo y sus caminos?

Usted debe elegir. No voy a esperar para siempre a este mundo malvado cuyo pecado ha llegado hasta MI Trono. No puedo tolerar este mal, mucho más tiempo. Mi Paciencia se está acabando. Aunque Soy La Paciencia, la hora se acerca para llevarme lejos a la novia a su eterna morada para el matrimonio de MI HIJO y SU AMADA. Es hora de que la celebración deba comenzar.

Escoja este día, bendiciones. Usted no quiere que te deje para hacerle frente a la ira de Mi enemigo y lo que viene a este mundo.

35

Búsqueme, Busque MI Rostro. Estoy a la espera para que usted elija. No voy a lamentará este mal mucho más tiempo.

Yo Soy tu Padre.

Acepte el regalo de Mi Hijo, que murió por sus pecados.

Él es digno.

Optamos por la vida.

Espero su respuesta.

APOYOS BIBLICOS:

GÁLATAS 1:4: el cual se dio a sí mismo por nuestros pecados para librarnos del presente siglo malo, conforme a la voluntad de nuestro Dios y Padre, a quien sea la gloria por los siglos de los siglos. Amén.

1 JUAN 2:17: Y el mundo pasa, y sus deseos; pero el que hace la voluntad de Dios permanece para siempre.

1 JUAN 3:1: Mirad cuál amor nos ha dado el Padre, para que seamos llamados hijos de Dios; por esto el mundo no nos conoce, porque no le conoció a él.

2 CORINTIOS 9:15: ¡Gracias a Dios por su don inefable!

EFESIOS 2:8: Porque por gracia sois salvos por medio de la fe; y esto no de vosotros, pues es don de Dios; no por obras, para que nadie se gloríe.

DEUTERONOMIO 11:26-28: He aquí yo pongo hoy delante de vosotros la bendición y la maldición: la bendición, si oyereis los mandamientos de Jehová vuestro Dios, que yo os prescribo hoy, y la maldición, si no oyereis los mandamientos de Jehová vuestro Dios, y os apartareis del camino que yo os ordeno hoy, para ir en pos de dioses ajenos que no habéis conocido.

FILIPENSES 2:8: y estando en la condición de hombre, se humilló a sí mismo, haciéndose obediente hasta la muerte, y muerte de cruz.

JUAN 3:16: Porque de tal manera amó Dios al mundo, que ha dado a su Hijo unigénito, para que todo aquel que en él cree, no se pierda, mas tenga vida eterna.

6. SERÁ COMO EN LOS DÍAS DE NOÉ Y LOT.

El Señor dio esta Palabra a Susan, el 28 de mayo del 2012.

Las palabras del Señor para hoy (Publicadas en www.End-Times-Prophecy.Com)

VA A SER IGUAL QUE LOS DÍAS DE NOÉ Y LOT.

HIJA, SIGAMOS ENTONCES, COMENCEMOS:

ESTAS PALABRAS SON DE DIOS, EL PADRE:

Hijos, Yo Soy tu Padre. Vengo a vosotros con Palabras Graves. Habrá un momento en que la Sangre de MI HIJO no va a ser tan fácil de acceder. Su Nombre no estará en la boca de muchos, el pueblo lo evitará a ÉL. No va a ser popular llamarse Cristiano. Será, de hecho, peligroso.

Los Cristianos, después de retirar a Mi Iglesia, irán bajo tierra.

Todo lo que YO represento será rechazado por la humanidad. Mis Palabras serán rechazadas, Mi Verdad, Mi Justicia. Incluso ahora este espíritu está en aumento, el espíritu del anticristo.

Deben prepararse hijos, para el regreso de MI HIJO a la tierra, para recoger a SU novia. Su compromiso está a la puerta. Pronto este evento está a punto de tener lugar.

Hijos, prepárense para ser levantados a la seguridad, porque la venida del Señor es pronto. Usted sabe que está por venir. Los que notan las señales no serán sorprendidos sin darse cuenta de ello, porque ellos velan. Aquellos que buscan la otra manera de vivir, se quedarán, porque sus corazones no están preparados, a causa de la lujuria por el mundo, y siguen buscando las respuestas en el mundo, al igual que la mujer de Lot que miró hacia atrás para su desaparición.

No hay nada más que muerte y destrucción cuando se mira al mundo. El mundo sólo representa las tradiciones de los hombres y las opiniones formuladas por MI enemigo. Esta es la fuente del pensamiento del mundo. El mundo es enemistad hacia MÍ. Tiene sólo la muerte. En su lugar, busque a su Hacedor. Venga a MÍ en humilde sumisión. Ponga su vida a los pies de MI HIJO. Sólo Él tiene la llave de su salvación. Sin Su Sacrificio de Sangre en una cruenta Cruz, no podrías estar delante de MÍ en la próxima vida.

Su vida de pecado lo arrojará lejos de MÍ por toda la eternidad, a excepción de la Sangre comprada para su rescate y que MI HIJO pagó caro. Recíbalo y viva, viva en abundancia en una morada eterna con su Dios, su HACEDOR, CREADOR. La abundancia es suya si acepta libremente el regalo de su Salvador, su Rey, MI HIJO. No hay otra manera. No lo recibiré sin Su Cubierta de Sangre. Sólo puede recibir esta cubierta de Sangre, por medio del arrepentimiento, de toda una vida de pecado y a través de la sumisión total a Mi Hijo como su Señor y Maestro.

Así es como tendrá acceso al Cielo. No hay otra manera.

No se deje engañar, otros le dirán diferentes cosas, porque el engaño está en alto funcionamiento. Sólo hay un camino, un camino estrecho. Es por el don gratuito de MI HIJO, que recibe la vida eterna en MI Reino.

Se acaba el tiempo para que usted pueda tomar esta decisión y para preparar sus prendas a través del lavado de Palabra. Sólo a través de la llenura de MI ESPÍRITU. ¿Estarás listo para cuando MI HIJO venga por su novia?

Hijos, MI amor es grande, pero sólo unos pocos hijos se irán con MI HIJO, tan sólo unos pocos realmente están observando, esperando, y listos.

Lean MI Palabra. Esto queda claro en MI Palabra. Será igual que en los días de Noé y Lot. Así que esté en guardia, vigilante, y esté pendiente de este evento que vendrá como ladrón en la noche y muchos serán capturados sin darse cuenta. Y cuando quite MI Gran Luz de la tierra, la oscuridad se extenderá como nunca antes. Esté listo, ya se acerca la hora de la novia para llegar hasta el cielo.

PADRE DE TODOS.

HACEDOR DE TODOS.

SEÑOR, MAESTRO, DIOS CREADOR.

APOYOS BIBLICOS:

LUCAS 12:53: Estará dividido el padre contra el hijo, y el hijo contra el padre; la madre contra la hija, y la hija contra la madre; la suegra contra su nuera, y la nuera contra su suegra.

1 JUAN 2:18: Hijitos, ya es el último tiempo; y según vosotros oísteis que el anticristo viene, así ahora han surgido muchos anticristos; por esto conocemos que es el último tiempo.

LUCAS 17:26-32: Como fue en los días de Noé, así también será en los días del Hijo del Hombre. Comían, bebían, se casaban y se daban en casamiento, hasta el día en que entró Noé en el arca, y vino el diluvio y los destruyó a todos. Asimismo como sucedió en los días de Lot; comían, bebían, compraban, vendían, plantaban, edificaban; mas el día en que Lot salió de Sodoma, llovió del cielo fuego y azufre, y los destruyó a todos. Así será el día en que el Hijo del Hombre se manifieste. En aquel día, el que esté en la azotea, y sus bienes en casa, no descienda a tomarlos; y el que en el campo, asimismo no vuelva atrás.

SANTIAGO 4:4: ¡Oh almas adúlteras! ¿No sabéis que la amistad del mundo es enemistad contra Dios? Cualquiera, pues, que quiera ser amigo del mundo, se constituye enemigo de Dios.

JUAN 14:6: Jesús le dijo: Yo soy el camino, y la verdad, y la vida; nadie viene al Padre, sino por mí.

MATEO 7:14: porque estrecha es la puerta, y angosto el camino que lleva a la vida, y pocos son los que la hallan.

EFESIOS 5:25-27: Maridos, amad a vuestras mujeres, así como Cristo amó a la iglesia, y se entregó a sí mismo por ella, para santificarla, habiéndola purificado en el lavamiento del agua por la palabra, a fin de presentársela a sí mismo, una iglesia gloriosa, que no tuviese mancha ni arruga ni cosa semejante, sino que fuese santa y sin mancha.

1 TESALONICENSES 5:2: Porque vosotros sabéis perfectamente que el día del Señor vendrá así como ladrón en la noche.

7. ESTE ES TU PROPÓSITO EN LA VIDA: ELEGIR ESTAR A <u>FAVOR</u> O EN <u>CONTRA</u> DE DIOS.

El Señor dio esta Palabra a Susan, el 31 de mayo del 2012.

PALABRA DEL SEÑOR:

LA HORA DE MI REGRESO PARA RETIRAR A MI NOVIA A LA SEGURIDAD VIENE, Y EL HOMBRE NO PUEDE DETENERLO.

SÍ, HIJOS MÍOS, SOY YO, EL SEÑOR:

Estas Palabras son verdaderas. Yo Soy un DIOS en quien usted puede confiar. YO Soy un DIOS en quien puedes creer. Soy eterno: de Gloria en Gloria.

Mi Reino no tiene fin. Soy victorioso sobre Mis enemigos. Yo baño con Mi Amor a los que Me aman. No hay sombra de variación en lo que Soy. MI Verdad es Eterna. Yo Soy el Gran YO SOY.

Mi Palabra nunca se detiene. No hay final para el bien que Yo hago. ¿Quieres ser parte de Mi Reino Eterno? Puedes estar. Soy un Dios, que es Fiel a Su Palabra. Soy el FARO ETERNO de la Verdad.

Puedes estar Conmigo por toda la Eternidad o puedes estar con Mi enemigo en el infierno eterno. Estas son tus opciones. No hay más que dos. A pesar de que parece que hay muchas opciones, no hay más que dos opciones. La mayoría, por desgracia, se conforma con menos, y el infierno es su destino. ¿Es Esta tu elección?

Este es tu propósito en la vida: elegir a favor o en contra de Dios, determina tu destino final, ya sea en Mi Reino o con MI enemigo, ambos son para toda la eternidad. ¿En qué dirección eliges mudarte? ¿Quieres venir Conmigo al Amor Eterno, a la Esperanza, a la Seguridad en esta vida y en la siguiente? ¿O vas a hacer que tu destino final sea en el pozo más profundo del infierno? Si tú rechazas Mi Verdad, serás mandado al infierno. No puedo mentirte, por rechazarme, tu castigo será eterno.

¿Cómo puedes evitar esto? Entrega tu vida a Mi, tu SEÑOR y SALVADOR. Mi Nombre es YEHUSHUA, Mesías Salvador. Yo morí en tu lugar para rescatarte de tus pecados, y los cubrí en MI Sangre, para rescatarte de la muerte y la destrucción y la empuñadura de Mi enemigo. Él quiere tu vida también. Él quiere destruirte y separarnos para siempre. No es necesario poner fin a tu vida de esta manera. Tú puedes venir Conmigo a MI Reino Eterno y compartir MI Herencia Eterna.

Todo lo que tengo es tuyo si Me sigues. Ven a Mí, entrega tu vida a Mí, plenamente y con arrepentimiento.

Arrepiéntete de tu vida de pecado y deja que te prepare al darte nuevos ojos para ver Mi Verdad, llenándote por completo con MI ESPÍRITU. Él vendrá a tu vida y te llenaré con Mi Espíritu, para que more en tu espíritu, y conocerás la VERDAD que consume; conocerás la renovación de tu mente para refrescarte; te haré completo, entero, y te llevaré a la devastación de los pecados pasados, para pasar a la plenitud de la Vida. Esta es la promesa que hago para hacer Mi Voluntad: Vida Eterna, la Plenitud del Corazón, Esperanza Eterna, Amor Supremo. Todo esto es tuyo si lo pides, para tomarlo.

Sométete a Mi Voluntad, deja la voluntad Mi enemigo detrás, deja el yo, y serás refrescado, aliviado del dolor, del dolor del camino del mal que te consume. Este no es MI camino. Vengo a traerte la Vida

Eterna: así que pocos son los que vienen a conocer la Plenitud de Mi Espíritu, para caminar plenamente en Mi Verdad, Mi Voluntad.

Muchos se conforman con porciones de la Verdad y luego se entregan a Mi enemigo: pocos experimentan la Profundidad de Mi amor y el caminar en la Plenitud de Mi Paz y la Calma que sobrepasa todo entendimiento.

Esto es tuyo ahora mismo si lo deseas. Establece tu vida. Dámela a MÍ. Déjame hacerte una nueva persona, una persona que quiere estar llena de MI Espíritu y de Mi Verdad, completa a través de Mi Amor renovador y caminar en Mi voluntad. Yo te creé. Mi Voluntad para tu vida puede Ser tuyo. Trae tu vida a Mí y déjame tomar posesión de tu alma. ¿De qué aprovecha, si un hombre gana el mundo entero, pero pierde su alma? Esta es la hora de la decisión, una gran decisión. ¿Con quién vas a ir? ¿Vas a ir con Mi enemigo a la destrucción final o Conmigo a la Paz Eterna, al Amor y a la Vida? La elección es tuya. Solo puedo extender Mis Manos y ofrecerte esta opción. Elige el día de hoy, a quien vas a servir, porque un hombre no puede servir a dos señores.

Tu CREADOR espera tu elección. Si decides contra Mí, Yo Me apartaré de ti para siempre. Ten cuidado con lo que elijas. Sed sobrios, con una mente clara del futuro, porque tu tiempo es limitado para hacer esta elección. La hora de Mi regreso para retirar a Mi novia a la seguridad se acerca, y nadie puede detenerlo. Prepárate para venir Conmigo cuando venga por MI novia, MI Verdadera Iglesia.

¿Estás listo? Muchos se sorprenderán cuando se encuentren a la izquierda. Habrá mucho dolor y llanto para los que elijan el mundo en estas, las últimas horas. Mis advertencias son muchas: sólo aquellos que se niegan a ver, no pueden ver las señales que estoy poniendo adelante.

No seas cegado y engañado por el mundo. Este te llevará por mal camino y te pondrá en una red de mentiras. Muy pocos están libres de esta red. Muy pocos se han librado para seguirme plenamente.

Déjenme hacerlos libres de este mundo que está cayendo en el caos y oscuridad. Su Dios es Poderoso para salvar. Ven antes de que sea demasiado tarde. Yo estoy dándoles testimonios y advertencias. Ven a tus sentidos. Pásate a Mi luz y se salvo por MI Verdad, MI Palabra, MI ESPÍRITU, MI Sangre, Mi Nombre. La Salvación y la Vida puede ser tuya. ¡Pidela a Él!

Este es tu Señor Eterno.

Eterno Dios.

YO SOY.

APOYOS BIBLICOS.

2 CORINTIOS 3:18: Por tanto, nosotros todos, mirando a cara descubierta como en un espejo la gloria del Señor, somos transformados de gloria en gloria en la misma imagen, como por el Espíritu del Señor.

SANTIAGO 1:17: Toda buena dádiva y todo don perfecto desciende de lo alto, del Padre de las luces, en el cual no hay mudanza, ni sombra de variación.

SALMO 106:48: Bendito Jehová Dios de Israel, Desde la eternidad y hasta la eternidad; Y diga todo el pueblo, Amén. Aleluya.

DANIEL 7:14: Y le fue dado dominio, gloria y reino, para que todos los pueblos, naciones y lenguas le sirvieran; su dominio es dominio eterno, que nunca pasará, y su reino uno que no será destruido.

MARCOS 3:29: pero cualquiera que blasfeme contra el Espíritu Santo, no tiene jamás perdón, sino que es reo de juicio eterno.

COLOSENSES 3:24: sabiendo que del Señor recibiréis la recompensa de la herencia, porque a Cristo el Señor servís.

APOCALIPSIS 21:7: El que venciere heredará todas las cosas, y yo seré su Dios, y él será mi hijo.

MATEO 16:26: Porque ¿qué aprovechará al hombre, si ganare todo el mundo, y perdiere su alma? ¿O qué recompensa dará el hombre por su alma?

JOSUE 24:15: Y si mal os parece servir a Jehová, escogeos hoy a quién sirváis; si a los dioses a quienes sirvieron vuestros padres, cuando estuvieron al otro lado del río, o a los dioses de los amorreos en cuya tierra habitáis; pero yo y mi casa serviremos a Jehová.

MATEO 6:24: Ninguno puede servir a dos señores; porque o aborrecerá al uno y amará al otro, o estimará al uno y menospreciará al otro. No podéis servir a Dios y a las riquezas.

JUAN 1:17: Pues la ley por medio de Moisés fue dada, pero la gracia y la verdad vinieron por medio de Jesucristo.

EFESIOS 5:25-26: Maridos, amad a vuestras mujeres, así como Cristo amó a la iglesia, y se entregó a sí mismo por ella, para santificarla, habiéndola purificado en el lavamiento del agua por la palabra,

APOCALIPSIS 1:5: y de Jesucristo el testigo fiel, el primogénito de los muertos, y el soberano de los reyes de la tierra. Al que nos amó, y nos lavó de nuestros pecados con su sangre,

LUCAS 11:13: Pues si vosotros, siendo malos, sabéis dar buenas dádivas a vuestros hijos, ¿cuánto más vuestro Padre celestial dará el Espíritu Santo a los que se lo pidan?

HECHOS 4:12: Y en ningún otro hay salvación; porque no hay otro nombre bajo el cielo, dado a los hombres, en que podamos ser salvos.

8. QUIERO UNA NOVIA PURA.

El Señor dio esta Palabra a Susan, el 4 de junio del 2012.

Las palabras del Señor para hoy (Publicados en www.End-Times-Prophecy.Com)

PALABRA DEL SEÑOR:

QUIERO UNA NOVIA PURA.

HIJA, TÚ PUEDES ESCRIBIR MIS PALABRAS, EMPECEMOS:

Hijitos, Yo Soy, una vez más, Tu SEÑOR.

Pronto el mundo conocerá la verdadera ira. Este día se acerca, hijos. Concéntrate en la hora. Muchos no creen, aunque muchas señales han salido. He dado muchos mensajes. Para la búsqueda de esto, la verdad, mis Advertencias, que es una fuente que fluye de Mi Trono de la Verdad. Muchos serán tomados por sorpresa, pero no habrá excusas para ellos porque MI Palabra ha estado disponible y Mi Espíritu ha estado para guiarlos. Será un gran día de devastación y pérdida.

Niños, la Verdad fluye libremente ahora. Muchos de ustedes tienen acceso a una abundancia de Mi Palabra acerca de lo que está llegando a la tierra y la humanidad, pero pocos realmente optan por escuchar, por lo tanto, pocos serán rescatados. Esto está en MI Palabra. He dejado claro esto. Esto debería hacer temblar. Deberían sentir escalofríos por su espina dorsal por un fuerte deseo de seguir con fuerza a su Señor y Salvador en vez de perseguir y jugar con el mundo.

Quiero una novia pura. Esto es lo que necesito. No aceptaré a ninguno cuyas manos estén sucias por las cosas del mundo. El mundo está lleno de suciedad y distracciones que los alejan de Dios. Sólo Yo tengo toda la Verdad, porque la verdad de las otras palabras presentadas por el mundo proviene directamente de la boca de Mi enemigo, a través de los hombres que no me conocen, que no me persiguen. Sólo por las enseñanzas de Mi Espíritu, se cosecha un llenado completo de Mi Espíritu, y es lo que se necesita para estar bien con Dios, para moverse hacia la pureza. Sólo a través de un llenado de MI ESPÍRITU, y una lámpara de aceite completa, puedes realmente buscar la Santidad y Mi Sangre Perfecta, comprada, que otorgó a la humanidad el poder recibirla en humilde sumisión y arrepentimiento sincero, de toda una vida de maldad, de pecado y rebelión contra Dios.

Hijos, se acerca la hora de que Yo lleve a Mi novia a casa, preparado para la seguridad. Yo sólo vengo por una novia preparada, quien ha establecido su vida delante de Mí, se ha sometido a Mi Voluntad, que aceptó seguirme por encima de los otros. Ella está totalmente entregada. No hay lujuria del mundo en su corazón.

¿Te ves en Mi novia? ¿Quieres ser parte de este grupo único que es MI última Luz que queda en el mundo? Ella solo refleja Mi Corazón en medio de un mundo perdido. Muchos creen que están en este grupo.

Muchos son engañados y no examinan su corazón, y son tan pocos, los que realmente Me quieren dar su todo. Esto es lo que pido. Esto es lo que necesito. Si Me persigues como un deseo verdadero y máximo de tu corazón, para que te renueve tu mente, derramaré de Mi Espíritu, y te llevaré a toda la Verdad. Esta es Mi promesa a todos los que siguen Mi Mandamiento de amar a su

Señor Dios con todo tu corazón, alma, mente, y fuerza. No voy a dejar a nadie atrás que venga detrás de Mí con un sincero corazón que opera en la fe. No puedo ir en contra de Mi Palabra. Coloca tu vida delante de Mí en humilde arrepentimiento. Pide que te llene de MI ESPÍRITU y que te muestre la Verdad y la Salvación, y este regalo será tuyo.

Yo lo he puesto a la disposición por el derramamiento de Mi Sangre cuando fui entregado por ti y pagué tu rescate por tu vida de rebelión y pecado. Tuve que soportar la Cruz para que puedas recibir el regalo de la Salvación. No hay nada que puedas hacer para ganar la Salvación, no sea que te jactes. Sólo tienes que presentar tu vida a Mí. Entonces, voy a tomar tu vida y prepararla para que puedas venir Conmigo a MIS celestiales para protegerte, fuera de un mundo que rechaza a su DIOS.

Únete a Mí hoy. Únete a la alegría que viene de los que dejan la voluntad de Mi enemigo y entran en Mi Verdad. Agradable es la vida de los que están bien con su Dios. Bendiciones, Paz, y Amor es lo que espera a los que viven en humilde sumisión a Dios. Fe de un niño es lo que necesito. Haz esta decisión hoy. Reemplaza el hombre viejo por el hombre nuevo. Ven y se, renovado; experimenta la renovación por Mi Sangre y Mi Espíritu.

YO, TU SEÑOR Y LA NOVIA, DICEN: VEN.

APOYOS BIBLICOS:

MATEO 24:33-34: Así también vosotros, cuando veáis todas estas cosas, conoced que está cerca, a las puertas. De cierto os digo, que no pasará esta generación hasta que todo esto acontezca.

LUCAS 17:26-30: Como fue en los días de Noé, así también será en los días del Hijo del Hombre. Comían, bebían, se casaban y se daban en casamiento, hasta el día en que entró Noé en el arca, y vino el diluvio y los destruyó a todos. Asimismo como sucedió en los días de Lot; comían, bebían, compraban, vendían, plantaban, edificaban; mas el día en que Lot salió de Sodoma, llovió del cielo fuego y azufre, y los destruyó a todos. Así será el día en que el Hijo del Hombre se manifieste.

1 CORINTIOS 2:10-13: Pero Dios nos las reveló a nosotros por el Espíritu; porque el Espíritu todo lo escudriña, aun lo profundo de Dios. Porque ¿quién de los hombres sabe las cosas del hombre, sino el espíritu del hombre que está en él? Así tampoco nadie conoció las cosas de Dios, sino el Espíritu de Dios. Y nosotros no hemos recibido el espíritu del mundo, sino el Espíritu que proviene de Dios, para que sepamos lo que Dios nos ha concedido, lo cual también hablamos, no con palabras enseñadas por sabiduría humana, sino con las que enseña el Espíritu, acomodando lo espiritual a lo espiritual.

MATEO 25:4: mas las prudentes tomaron aceite en sus vasijas, juntamente con sus lámparas.

MARCOS 12:30: Y amarás al Señor tu Dios con todo tu corazón, y con toda tu alma, y con toda tu mente y con todas tus fuerzas. Éste es el principal mandamiento.

EFESIOS 2:7-9: para mostrar en los siglos venideros las abundantes riquezas de su gracia en su bondad para con nosotros en Cristo Jesús. Porque por gracia sois salvos por medio de la fe; y esto no de vosotros, pues es don de Dios; no por obras, para que nadie se gloríe.

MARCOS 10:15: De cierto os digo, que el que no reciba el reino de Dios como un niño, no entrará en él.

COLOSENSES 3:9-10: No mintáis los unos a los otros, habiéndoos despojado del viejo hombre con sus hechos, y revestido del nuevo, el cual conforme a la imagen del que lo creó se va renovando hasta el conocimiento pleno.

9. ALÉJATE DEL CAMINO DE DESTRUCCIÓN EN EL QUE TÚ ESTÁS.

El Señor dio esta Palabra a Susan, el 5 de junio del 2012.

NO PIERDAS NI UN DÍA Y CAMBIATE DEL CAMINO ANCHO QUE TE LLEVA HACIA LA DESTRUCCIÓN.

COMENCEMOS HIJA:

HIJITOS, SOY YO, EL REY ETERNO, JEHOVÁ, GRANDE Y PODEROSO:

Pronto, Yo IRÉ a llevarme a la novia para Mí mismo. Ella está a punto de ser removida de la tierra. Para muchos, esto será una gran sorpresa.

Para Mi novia va a ser un placer esperado, porque Mi novia está mirando, esperando, anticipando, Mi regreso.

Hijos, Yo vengo por una novia que está ansiosamente a la espera de MI regreso. Ella es pequeña en número. La mayoría no quiere oír hablar de MI pronto regreso. Esto no encaja con sus planes. No funciona en la planificación de su futuro.

Hijitos, Yo, quien sabe los planes de futuro. Sé el principio del final. Puedes estar dentro de Mis planes, Mi Voluntad para tu vida entregando tu vida a Mí por completo porque toda la planificación apartado de Mi Voluntad es ideado por MI enemigo.

¿Ven esto Mis hijos? Lo que tú crees que son tus propios planes para el futuro, son en realidad, los planes cuidadosamente trazados de Mi enemigo.

Todos sus planes para ti son para tu destrucción final y la separación de tu DIOS CREADOR por la eternidad.

Tengo planes para ti también, Mis hijos, para darles una esperanza y un futuro, pero Mis hijos, deben entrar en MI Voluntad, en MI Perfecta Voluntad para que te des cuenta de estos planes que he puesto delante de ti. Tú debes venir a Mí en entrega humilde y un sincero arrepentimiento de tu vida pasada de pecado, y de este modo tú puedes moverte hacia adelante en Mi perfecta voluntad para tu vida.

Una vez que hayas elegido hacerme tu Señor y Maestro, yo te llevará de la mano y te pondré en el camino recto, el estrecho camino hacia MI Reino Eterno. Tu vida entonces será cierta, es decir, recibirá la paz, la justicia, y la comprensión de las cosas de Dios. Mi Espíritu te guiará y te llevará a caminos que son eternos.

Este es el camino a la que tu vida estaba destinada a tomar.

Ven lejos del camino de destrucción en el que te encuentras. El camino del mundo te parece bien, pero el camino del mundo es una forma de destrucción que conduce al infierno y el tormento eterno. Esta no es la dirección que Yo he planeado para ti, o puedes vivir una vida tener mucho más, es decir, tu puedes tener la plenitud que significa habitar en el Poder y el llenado de MI ESPÍRITU.

Ven a Mí. Déjame mostrarte el camino. Recorre el camino que tenía preparado de antemano, por el camino eterno. No hay otro camino a seguir para recibir la vida eterna.

Hoy en día se puede hacer este cambio. Puedes dejar el camino de la destrucción y unirte a Mí en el camino correcto para Mi Reino eterno con el Verdadero plan que Yo, Dios, he preparado para tu vida, la vida que he creado. Esta elección es tuya. Nadie puede hacerlo por ti. Tú debes elegir.

¿Quieres venir conmigo o vas a ir por el camino de la destrucción con Mi enemigo? Sólo hay dos caminos por los que se puede ir. La hora es corta. Haz tu camino rápidamente por el camino correcto. No pierdas otro día para alejarte del camino ancho hacia la destrucción. MI mano está extendida para llevarte conmigo cuando venga por MI novia.

Yo Soy Dios, grandioso para darte esto, pero no voy a esperar para siempre a Mis hijos. Ya hay muchas personas que han tomado decisiones equivocadas y se han perdido en el camino ancho hacia la destrucción. La hora está sobre este mal, la tierra y el hombre malo, han elegido en Mi contra. Pronto la novia será llevada a la seguridad. ¿Vienes?

¡YO SOY DIOS, QUIEN ES GRANDIOSO PARA SALVAR!

JEHOVÁ JIRAH.

APOYOS BIBLICOS:

2 TIMOTEO 4:8: Por lo demás, me está guardada la corona de justicia, la cual me dará el Señor, juez justo, en aquel día; y no sólo a mí, sino también a todos los que aman su venida.

ISAÍAS 46:9-10: Acordaos de las cosas pasadas desde los tiempos antiguos; porque yo soy Dios, y no hay otro Dios, y nada hay semejante a mí, que anuncio lo por venir desde el principio, y desde la antigüedad lo que aún no era hecho; que digo: Mi consejo permanecerá, y haré todo lo que quiero.

2 CORINTIOS 4:4: en los cuales el dios de este siglo cegó el entendimiento de los incrédulos, para que no les resplandezca la luz del evangelio de la gloria de Cristo, el cual es la imagen de Dios.

EFESIOS 2:2: en los cuales anduvisteis en otro tiempo, siguiendo la corriente de este mundo, conforme al príncipe de la potestad del aire, el espíritu que ahora opera en los hijos de desobediencia.

ROMANOS 12:2: No os conforméis a este siglo, sino transformaos por medio de la renovación de vuestro entendimiento, para que comprobéis cuál sea la buena voluntad de Dios, agradable y perfecta.

JEREMÍAS 29:11: Porque yo sé los pensamientos que tengo acerca de vosotros, dice Jehová, pensamientos de paz, y no de mal, para daros el fin que esperáis.

MIS VERDADEROS SEGUIDORES RECONOCEN LA HORA EN QUE VIVEN.

El Señor dio estas Palabras a Susan, el 12 de junio del 2012.

Jehová dio Palabras para Hoy.

(Publicado en www.End-Times- Prophecy.Com)

PALABRAS DEL SEÑOR:

USTEDES, MIS HIJOS SE ESTÁN MURIENDO POR FALTA DE CONOCIMIENTO.

SÍ, HIJA, ESCUCHA MIS PALABRAS:

Hijitos, Soy Yo, el Señor habla. La hora viene de MI Retorno. Hijos, ¿están listo? ¿Estás enfocado en Mí? ¿Sabes que esto es lo que necesito de ti? ¿No está esto, en Mi Libro? ¿No has leído esto en Mi Palabra? Entonces ¿por qué tan pocos de ustedes cumplen con Mi voluntad? ¿Por qué encuentro tan pocos dispuestos a mirar hacia Mí? búscame, sigue en pos de Mí. MI Palabra es muy clara.

Si tú no estás buscándome, estás distraído de las cosas de Dios. Son otras cosa que están tomando tu tiempo, tu atención, tu enfoque, y no Soy Yo, porque Mis verdaderos seguidores reconocen la hora y el tiempo en que viven. Ellos están mirando a Mí y están centrados en Mí. Así que si tú no estás buscándome y estás centrado en otros lugares, estás en una posición peligrosa y Mi enemigo te tiene firmemente en su agarre.

Ustedes, Mis hijos, están muriendo por falta de conocimiento. No puedes ser bañado por Mi Palabra, si tú no estás en Mi Palabra. No puedes recibir Mi Palabra a través de las enseñanzas de Mi Espíritu, si tú no posees a MI ESPÍRITU. Si no dispones de Él en toda su plenitud, eres por lo tanto, tibio y estás en una condición peligrosa con tu DIOS.

¿No entiendes que tengo la Vida en Mi Mano? Te traje al mundo y te voy a sacar de este mundo. Depende de ti, de qué dirección tienes cuando Yo regrese. ¿Quieres venir como Mi novia a una hermosa casa en los lugares celestiales o vas a ser arrojado al infierno fuera de Mí, por toda la eternidad? No cuentes con quedarte atrás, ya que muchos serán muertos en la destrucción repentina, después de llevarme a la iglesia. No juegues con tu alma eterna.

Esto es serio, Mis hijos. Ustedes creen que tienen todo el tiempo de este mundo para relajarse y disfrutar de la vida y de las cosas del mundo, pero hay una gran ola de oscuridad que se mueve sobre la tierra, y si no te mueves rápidamente hacia Mi Luz, te va a detener la oscuridad y no habrá vuelta atrás. No puedo salvarte una vez que el enemigo te tenga en sus garras. Así que muchos han caído, en la carretera ancha de la destrucción eterna. Esto es muy grave. Tú estás jugando con fuego si piensas lo contrario.

No me des la espalda para ir a otros dioses menores y hacia las distracciones del mundo y de Mi enemigo.

No le importa cómo son engañados. Él sólo quiere tu destrucción, y no le importa cómo llegar a ella.

Tú puedes ser salvado de esta angustia, Mis hijos, yo que tengo previsto tu rescate si sólo te convirtieres de tus malos caminos y Me sigues a Mi, tu Salvador. Tengo todas las respuestas. No las puedes encontrar en ningún otro lugar. No te dejes engañar, hay mucho engaño y viene de todos lados a tu alrededor. Sólo puedes confiar en Mi Palabra y en Mí. Te pido que Me des tu vida en una entrega total. Arrepiéntete de tus pecados con un corazón humilde. Entonces puedo venir y residir dentro de ti, hacerte completo, llenarte completamente. NOSOTROS residiremos dentro de ti. Tu vida puede entonces conocer la Plenitud, la Paz, y tu alma será satisfecha porque tú estarás bien con tu Dios, andando en Mi voluntad en tu vida. No te conformes con menos. Cualquier cosa menor te lleva a la destrucción.

Sólo hablo estas palabras con un corazón de amor y verdad. Deseo que tú no estés en este gran mal que incluso, ahora está viniendo a la tierra. Permíteme que te salve, que te llene con el Espíritu, que te cubra con Mi Sangre, que te libere de la esclavitud del pecado, y del control de Mi enemigo que reina sobre ustedes. Si no estás en Mi, estás siendo utilizado por MI enemigo para el resultado de tu destrucción, en contra de Mi Reino y tu serás responsable en parte, por jugar en la destrucción de esta vida: de las almas perdidas, que perdieron recompensas en Mi Eterno Reino. Hay cosas que no se pueden ver con facilidad, pero tu falta de voluntad para renunciar del todo al mundo y venir a Mí, te pone fuera de Mi Voluntad y eres un agente del mal en contra Mi Reino y eres uno de Mis hijos rebeldes.

Bajen sus armas de destrucción: su rebelión, su infracción de la ley, los actos de sedición, y giren a recibir Mi Sangre y caminar en Santidad y el Fuego del ESPÍRITU SANTO. Esta es tu herencia para reclamar, pero tú debe desear dejar tu lujuria mundana y venir a Mis brazos abiertos, ahora.

Estoy esperando hijos, para salvarte, detente y vuelva a casa.

APOYOS BIBLICOS:

MARCOS 13:28-31: De la higuera aprended la parábola: Cuando ya su rama está tierna, y brotan las hojas, sabéis que el verano está cerca. Así también vosotros, cuando veáis que suceden estas cosas, conoced que está cerca, a las puertas. De cierto os digo, que no pasará esta generación hasta que todo esto acontezca. El cielo y la tierra pasarán, pero mis palabras no pasarán.

MARCOS 13:34-37: Es como el hombre que yéndose lejos, dejó su casa, y dio autoridad a sus siervos, y a cada uno su obra, y al portero mandó que velase. Velad, pues, porque no sabéis cuándo vendrá el señor de la casa; si al anochecer, o a la medianoche, o al canto del gallo, o a la mañana; para que cuando venga de repente, no os halle durmiendo. Y lo que a vosotros digo, a todos lo digo: Velad.

OSEAS 4:6: Mi pueblo fue destruido, porque le faltó conocimiento. Por cuanto desechaste el conocimiento, yo te echaré del sacerdocio; y porque olvidaste la ley de tu Dios, también yo me olvidaré de tus hijos.

MATEO 7:13: Entrad por la puerta estrecha; porque ancha es la puerta, y espacioso el camino que lleva a la perdición, y muchos son los que entran por ella.

ISAÍAS 30:1-3: ¡Ay de los hijos que se apartan, dice Jehová, para tomar consejo, y no de mí; para cobijarse con cubierta, y no de mi espíritu, añadiendo pecado a pecado! Que se apartan para descender a Egipto, y no han preguntado de mi boca; para fortalecerse con la fuerza de Faraón, y poner su esperanza en la sombra de Egipto. Pero la fuerza de Faraón se os cambiará en vergüenza, y el amparo en la sombra de Egipto en confusión.

1 CORINTIOS 2:11: Porque ¿quién de los hombres sabe las cosas del hombre, sino el espíritu del hombre que está en él? Así tampoco nadie conoció las cosas de Dios, sino el Espíritu de Dios.

JOB 9:12: He aquí, arrebatará; ¿quién le hará restituir? ¿Quién le dirá: ¿Qué haces?

1 TESALONICENSES 5:3: que cuando digan: Paz y seguridad, entonces vendrá sobre ellos destrucción repentina, como los dolores a la mujer encinta, y no escaparán.

SALMOS 118:8: Mejor es confiar en Jehová Que confiar en el hombre.

ISAÍAS 58:11: Jehová te pastoreará siempre, y en las sequías saciará tu alma, y dará vigor a tus huesos; y serás como huerto de riego, y como manantial de aguas, cuyas aguas nunca faltan.

NEHEMÍAS 9:17-20: No quisieron oír, ni se acordaron de tus maravillas que habías hecho con ellos; antes endurecieron su cerviz, y en su rebelión pensaron poner caudillo para volverse a su servidumbre. Pero tú eres Dios que perdonas, clemente y piadoso, tardo para la ira, y grande en misericordia, porque no los abandonaste. Además, cuando hicieron para sí becerro de fundición y dijeron: Éste es tu Dios que te hizo subir de Egipto; y cometieron grandes abominaciones, tú, con todo, por tus muchas misericordias no los abandonaste en el desierto. La columna de nube no se apartó de ellos de día, para guiarlos por el camino, ni de noche la columna de fuego, para alumbrarles el camino por el cual habían de ir. Y enviaste tu buen Espíritu para enseñarles, y no retiraste tu maná de su boca, y agua les diste para su sed.

EL MOMENTO ES AHORA PARA MI REGRESO.

Hijos, Mi Palabra no tiene fallas.

Hija, habla Jehová. Estoy dispuesto a darte nuevas Palabras, así que vamos a empezar:

Hijos, Soy Yo, tu Señor. Reconozco que muy pocos están prestándole atención a la hora que están viviendo, muy pocos realmente quieren creer que Mi venida es tan breve. Pero la verdad es que es correcto que está a la vuelta de la esquina.

Pocos quieren creer. Sólo hay unos pocos que quieren dejar atrás a este mundo y quieren venir conmigo a la Paz Eterna y a la tranquilidad de los hogares eternos que he preparado. El mundo es demasiado tentador. Si tú lees y estudias Mi Palabra, verías Mis señales, y las advertencias de Mis mensajeros que envío y muestran muy claramente que lo que se dijo hace mucho tiempo está pasando. Niños, MI Palabra no falla. Yo no soy un hombre para mentir. Cuando tú comienzas a ver, todas que estas cosas suceden, entonces tu sabes que Yo estoy parado a la derecha en la puerta y Mi venida está cerca.

He hecho todo esto muy claro. Todos estos hechos que dije, pasan en esta hora y no se reunirán de nuevo en una fecha futura, el momento es ahora para mi regreso. No ves la cercanía de Mi venida, porque tú te niegas a mirar. Las profecías que he expuesto ante ti, están pasando, tal y como se les dijo hace tanto tiempo. ¿Por qué dudar de Mi Regreso? ¿Por qué desconfiar de Mí? ¿Por qué estás tan seguro de que el mundo tiene todas tus respuestas? ¿Por qué estás tan dudoso? ¿Es porque careces de fe en Mi Palabra y prefieres seguir a Mi enemigo? Él está más que feliz de tenerte. Él quiere llevarte a tu desaparición. Hijos, escuchen como les traigo esta verdad: Mi enemigo quiere destruirte. Él quiere llevarte lejos a la destrucción. Este es su gran deseo. Él está decidido a vengarse. No le creas, pues él es el padre de mentiras. Muchos han caído en su red de mentiras, y muchos nunca sabrán de MIS Celestiales. No estés tan seguro de tí mismo, Mi adversario es astuto y tú no eres rival para él, apartado de Mí: tu guía, tu Salvador, tu Rey. Sólo por Mi Poder, Fuerza, y Mi Nombre se puede conquistar a este oponente. Así que ven y pon tu vida delante de Mí y admite que necesitas un Salvador y te haré libre de la esclavitud del pecado y de la traición del mal.

El mundo está cada vez más negro con el pecado, la oscuridad, el mal, y pronto MI Luz se apagará por completo después de que Mi novia haya llegado a casa a salvo conmigo, su Rey Eterno. Abre los ojos a la Verdad. Lean MI Palabra, conóceme a MI, tu SALVADOR. Puedo tener tu confianza. Tienes pocos minutos para venir a Mí, antes de que quite a Mis elegidos. Entrega tu vida a MÍ. Quiero llevarte conmigo.

Mi copa está rebosando para ti. Bebe libremente de las aguas vivas. Ven.

APOYOS BIBLICOS:

PROVERBIOS 30:5: Toda palabra de Dios es limpia; Él es escudo a los que en él esperan.

NÚMEROS 23:19: Dios no es hombre, para que mienta, Ni hijo de hombre para que se arrepienta. Él dijo, ¿y no hará? Habló, ¿y no lo ejecutará?

MATEO 24:33-34: Así también vosotros, cuando veáis todas estas cosas, conoced que está cerca, a las puertas. De cierto os digo, que no pasará esta generación hasta que todo esto acontezca.

JUAN 10:10: El ladrón no viene sino para hurtar y matar y destruir; yo he venido para que tengan vida, y para que la tengan en abundancia.

JUAN 8:44: Vosotros sois de vuestro padre el diablo, y los deseos de vuestro padre queréis hacer. Él ha sido homicida desde el principio, y no ha permanecido en la verdad, porque no hay verdad en él. Cuando habla mentira, de suyo habla; porque es mentiroso, y padre de mentira.

SALMOS 48:14: Porque este Dios es Dios nuestro eternamente y para siempre; Él nos guiará aun más allá de la muerte.

ROMANOS 13:1: Sométase toda persona a las autoridades superiores; porque no hay autoridad sino de parte de Dios, y las que hay, por Dios han sido establecidas.

APOCALIPSIS 17:14: Pelearán contra el Cordero, y el Cordero los vencerá, porque él es Señor de señores y Rey de reyes; y los que están con él son llamados y elegidos y fieles.

SALMOS 116:13: Tomaré la copa de la salvación, e invocaré el nombre de Jehová.

SALMOS 23:5: Aderezas mesa delante de mí en presencia de mis angustiadores; Unges mi cabeza con aceite; mi copa está rebosando.

CANTAR DE LOS CANTARES 4:15: Fuente de huertos, Pozo de aguas vivas, Que corren del Líbano.

JEREMÍAS 17:13: ¡Oh Jehová, esperanza de Israel! todos los que te dejan serán avergonzados; y los que se apartan de mí serán escritos en el polvo, porque dejaron a Jehová, manantial de aguas vivas.

Ustedes creen que tienen todo el tiempo en el mundo.

Las palabras del Señor: "Hijos, Mi Palabra no falla".

Las palabras del Señor para hoy (Posted at www.End-Times-Prophecy.Com)

Palabra del Señor:

Ustedes, mis hijos, están muriendo por falta de conocimiento.

(Palabras recibidas de nuestro Señor por Susan, 12 de junio del 2012)

Si, hija escucha mis palabras:

Hijos, soy yo, tu Señor habla. La hora viene para mi regreso. Hijos, ¿están listos?

¿Estás viendo por mí? ¿Sabes que esto es lo que necesito de ti? ¿No esta, esto en mi libro? ¿No han leído esto en MI Palabra? Entonces, ¿por qué tan pocos de ustedes cumplen mis mandatos? ¿Por qué encuentro tan pocos dispuestos a mirar hacia Mi, buscame, persigueme, sigueme? MI Palabra es muy clara.

Si usted no están buscandome, estás distraído por algo que no sea Dios. Algo más está tomando tu tiempo, tu atención, tu enfoque, y no soy yo, porque mis verdaderos seguidores reconocen la hora en que viven y el tiempo. Ellos están mirando para mí y se centran en Mi. Así que si ustedes no están buscandome y se centran en otros lugares, y están en una posición peligrosa y mi enemigo los tiene firmemente en su agarre.

Ustedes, mis hijos, están muriendo por falta de conocimiento. No pueden ser lavados por mi palabra, si ustedes no están obrando MI Palabra. Ustedes no pueden recibir Mi Palabra a través de las enseñanzas de mi espíritu, si ustedes no poseen MI ESPÍRITU. Si usteds no lo tienen en toda su plenitud, por lo tanto ustedes son tibios y en una condición peligrosa con su DIOS.

¿No entienden que tengo la vida en mi mano? Te he traído al mundo y te sacare de este mundo. Depende qué dirección tomes, cuando salgas del mundo. ¿Quieres venir conmigo como mi novia a una hermosa casa en los lugares celestiales o vas a ser echado fuera, al infierno, apartado de mí por toda la eternidad? No cuentes con ser dejado atrás, porque muchos serán atrapados en la destrucción repentina tras la salida de la iglesia. No juegues con tu alma eterna.

Esto es serio, mis hijos. Ustedes creen que tienen todo el tiempo del mundo para relajarse y disfrutar de la vida y las cosas del mundo, pero hay una gran ola de oscuridad que se mueve sobre la tierra y si no se mueven rápidamente en mi luz, te van a detener en la oscuridad y no habrá vuelta atrás. No te puedo rescatar una vez que el enemigo te tiene en sus garras. Así, muchos han caído ya que el camino a la destrucción es ancha, la destrucción eterna. Esto es muy grave. Estás jugando con fuego si usted piensa lo contrario.

No te alejes de mí a otros dioses menores y hacia las distracciones del mundo y mi enemigo. No le importa cómo eres engañado. Sólo quiere la destrucción no le importa su forma de llegar a ella.

Usted puede ser salvo de esta angustia, mis hijos, como lo he planeado para tu rescate si sólo se convirtieren de sus malos caminos y me sigue, su Salvador. Yo tengo las respuestas. Usted no lo puede encontrar en ningún otro lugar. No se deje engañar, hay mucho engaño y que viene de todos lados a su alrededor. Sólo se puede confiar en mi palabra en Mi.

Les pido que me den su vida en una entrega total. Arrepiéntanse de sus pecados con un corazón humilde. Entonces puedo venir y residir dentro de ti, completandote, llenandote. NOSOTROS residiremos dentro de ti. Su vida, entonces puede conocer la integridad, la paz, y tu alma será satisfecha porque usted está bien con su Dios, andando en mi voluntad para tu vida. No se conforme con menos. Cualquier cosa menos, te llevará a la destrucción.

Sólo hablo estas palabras de un Corazón de Amor y Verdad. Yo deseo que tú seas salvo para que evites el gran mal que está incluso llegando a la tierra. Permitidme que te salve, te llene con el espíritu, te cubriré con mi Sangre, para libertad de la esclavitud del pecado, y el control de mi enemigo que reina sobre vosotros. Si usted no está de Mi, usted está siendo utilizado por MI enemigo para destruir en contra de mi reino y será responsable de la parte que juega en la destrucción en esta vida: almas perdidas, pérdida de recompensas en MI Reino Eterno. Hay cosas que no se pueden ver con facilidad, pero su falta de voluntad para entregarse totalmente a Mí te pone fuera de mi voluntad y te hace un agente del mal contra mi reino y uno de mis hijos que se apartan.

Bajen sus armas de destrucción: su rebelión, su ilegalidad, los actos de sedición, y vengan a recibir mi sangre y caminar en santidad y fuego del Espíritu Santo! Esta es su herencia para reclamar, pero usted debe desear dejar su deseo mundano y ser un arma para salvar.

Estoy esperándote, mis hijos, para salvarte,

¡Da la vuelta y vuelve a casa!

Marcos 13:28-31: De la higuera aprended la parábola: Cuando ya su rama está tierna, y brotan las hojas, sabéis que el verano está cerca. Así también vosotros, cuando veáis que suceden estas cosas, conoced que está cerca, a las puertas. De cierto os digo, que no pasará esta generación hasta que todo esto acontezca. El cielo y la tierra pasarán, pero mis palabras no pasarán.

Marcos 13:34-37: Es como el hombre que yéndose lejos, dejó su casa, y dio autoridad a sus siervos, y a cada uno su obra, y al portero mandó que velase. Velad, pues, porque no sabéis cuándo vendrá el señor de la casa; si al anochecer, o a la medianoche, o al canto del gallo, o a la mañana; para que cuando venga de repente, no os halle durmiendo. Y lo que a vosotros digo, a todos lo digo: Velad.

Oseas 4:6: Mi pueblo fue destruido, porque le faltó conocimiento. Por cuanto desechaste el conocimiento, yo te echaré del sacerdocio; y porque olvidaste la ley de tu Dios, también yo me olvidaré de tus hijos.

Mateo 7:13: Entrad por la puerta estrecha; porque ancha es la puerta, y espacioso el camino que lleva a la perdición, y muchos son los que entran por ella.

Isaias 30:1-3: ¡Ay de los hijos que se apartan, dice Jehová, para tomar consejo, y no de mí; para cobijarse con cubierta, y no de mi espíritu, añadiendo pecado a pecado! Que se apartan para descender a Egipto, y no han preguntado de mi boca; para fortalecerse con la fuerza de Faraón, y poner su esperanza en la sombra de Egipto. Pero la fuerza de Faraón se os cambiará en vergüenza, y el amparo en la sombra de Egipto en confusión.

1 Corintios 2:11: Porque ¿quién de los hombres sabe las cosas del hombre, sino el espíritu del hombre que está en él? Así tampoco nadie conoció las cosas de Dios, sino el Espíritu de Dios.

Job 9:12: He aquí, arrebatará; ¿quién le hará restituir? ¿Quién le dirá: ¿Qué haces?

1 Tesalonicenses 5:3: que cuando digan: Paz y seguridad, entonces vendrá sobre ellos destrucción repentina, como los dolores a la mujer encinta, y no escaparán.

Salmos 118:8: Mejor es confiar en Jehová Que confiar en el hombre.

Isaias 58:11: Jehová te pastoreará siempre, y en las sequías saciará tu alma, y dará vigor a tus huesos; y serás como huerto de riego, y como manantial de aguas, cuyas aguas nunca faltan.

Nehemias 9:17-20: No quisieron oír, ni se acordaron de tus maravillas que habías hecho con ellos; antes endurecieron su cerviz, y en su rebelión pensaron poner caudillo para volverse a su servidumbre. Pero tú eres Dios que perdonas, clemente y piadoso, tardo para la ira, y grande en misericordia, porque no los abandonaste. Además, cuando hicieron para sí becerro de fundición y dijeron: Éste es tu Dios que te hizo subir de Egipto; y cometieron grandes abominaciones, tú, con todo, por tus muchas misericordias no los abandonaste en el desierto. La columna de nube no se apartó de ellos de día, para guiarlos por el camino, ni de noche la columna de fuego, para alumbrarles el camino por el cual habían de ir. Y enviaste tu buen Espíritu para enseñarles, y no retiraste tu maná de su boca, y agua les diste para su sed.

Pocos quieren creer.

"Hijos, mi palabra no decaiga".

(Palabras recibidas de nuestro Señor por Susan, el 13 de junio del 2012)

Hija, es tu señor. Estoy dispuesto a darte una nueva carta, así que vamos a empezar.

Hijos Soy yo, tu Señor. Reconozco que muy pocos están prestando atención a la hora que están viviendo y muy pocos realmente quieren creer que mi venida es tan pronto. Pero la verdad es que está a la vuelta de la esquina.

Pocos quieren creer. Hay sólo unos pocos que quieren dejar este mundo atrás y que quieren venir conmigo hasta la eternidad, la paz y la tranquilidad a los hogares eternos que he preparado. El mundo es demasiado tentador.

Si usted lee y estudia mi palabra, usted vería que mis señales, advertencias y mensajeros que envío están mostrando muy claramente que lo que se dijo hace mucho tiempo que pasaría. Hijos, MI Palabra no decaiga. Yo no soy un hombre para mentir. Cuando usted comienza a ver que todas estas cosas están llegando a pasar, entonces usted sabe que yo estoy parado a la derecha en la puerta y MI venida está cerca.

He hecho todo esto muy claro. Todos estos acontecimientos que dije que pasaría en este tiempo no se cumpluran en el futuro, es para esta hora. ¡El momento es ahora para mi regreso!

¡usted no ve la cercanía de mi venida, porque usted se niega a mirar! Las profecías que yo pongo hoy delante de ti, se están cumpliendo, al igual que se los dije de hace tanto tiempo. ¿Por qué dudas de mi libro así? ¿Por qué desconfiar de mí así? ¿Por qué estás tan seguro de que el mundo tiene todas tus respuestas? ¿Por qué estás tan dudosa? ¿Podría ser porque carecen de fe en Mi Palabra y prefieren seguir a mi enemigo? Él está más que feliz de tenerte. ¡Él te llevará a tu desaparición!

Hijos, escuchen como les traigo esta verdad: mi enemigo quiere destruirte. Él quiere llevarte lejos a la destrucción. Este es su gran deseo. Él está decidido a vengarse. No le creas, pues él es el padre de la mentira. Demasiados han caído en su red de engaño, también muchos de ellos nunca conoseran MIS Celestiales. No estés tan seguro de tí mismo, que mi oponente es astuto y tú no eres rival para él apartado de mí: tu guía, tu Salvador, tu rey. Sólo por mi poder, fuerza, y por mi nombre, se puede vencer a este oponente. Así que ven y pon tu vida delante de mí y admite que necesitas un salvador y yo te liberaré de la esclavitud del pecado y de la traición del mal.

El mundo está creciendo en tinieblas con el pecado, la oscuridad, el mal, y pronto MI luz se apagara por completo después de que mi novia vaya a su casa a salvo conmigo, su Rey eterno. Abre los ojos a la Verdad. Lean MI Palabra, conocerme, tu SALVADOR. Pueden confiar en mí. Usteds tienen sólo unos momentos para venir, antes de que quite a mi pueblo escogido. Entrega tu vida a Mi. Quiero llevarte conmigo.

Mi copa está rebosando para ti.

¡Bebe libremente de las aguas vivas. Ven y bebe!

Proverbios 30:5: Toda palabra de Dios es limpia; Él es escudo a los que en él esperan.

Numeros 23:19: Dios no es hombre, para que mienta, Ni hijo de hombre para que se arrepienta. Él dijo, ¿y no hará? Habló, ¿y no lo ejecutará?

Mateo 24:33-34: So Así también vosotros, cuando veáis todas estas cosas, conoced que está cerca, a las puertas. De cierto os digo, que no pasará esta generación hasta que todo esto acontezca.

Juan 10:10: El ladrón no viene sino para hurtar y matar y destruir; yo he venido para que tengan vida, y para que la tengan en abundancia.

Juan 8:44: Vosotros sois de vuestro padre el diablo, y los deseos de vuestro padre queréis hacer. Él ha sido homicida desde el principio, y no ha permanecido en la verdad, porque no hay verdad en él. Cuando habla mentira, de suyo habla; porque es mentiroso, y padre de mentira.

Salmos 48:14: Porque este Dios es Dios nuestro eternamente y para siempre; Él nos guiará aun más allá de la muerte.

Romanos 13:1: Sométase toda persona a las autoridades superiores; porque no hay autoridad sino de parte de Dios, y las que hay, por Dios han sido establecidas.

Apocalipsis 17:14: Pelearán contra el Cordero, y el Cordero los vencerá, porque él es Señor de señores y Rey de reyes; y los que están con él son llamados y elegidos y fieles.

Salmos 116:13: Tomaré la copa de la salvación, E invocaré el nombre de Jehová.

Salmos 23:5: Aderezas mesa delante de mí en presencia de mis angustiadores; Unges mi cabeza con aceite; mi copa está rebosando.

Cantares 4:15: Fuente de huertos, Pozo de aguas vivas, Que corren del Líbano.

Jeremias 17:13: ¡Oh Jehová, esperanza de Israel! todos los que te dejan serán avergonzados; y los que se apartan de mí serán escritos en el polvo, porque dejaron a Jehová, manantial de aguas vivas.

10. MUY POCOS ESCUCHAN.

El Señor dio esta Palabra a Susan, el 20 de junio del 2012.

LAS PALABRAS DEL SEÑOR:

MUY POCOS ESTÁN ESCUCHANDO. POCOS ESTÁN PRESTANDO ATENCIÓN.

MI HIJA, ESTOY DISPUESTO A DARTE PALABRAS. ESCUCHA CON ATENCIÓN:

Hijos, enfóquense en la hora de Mi regreso: muy pocos están escuchando, muy pocos están prestando atención. Mis Palabras caen en oídos muertos, orejas que se cierran. Estoy llorando por quien quiera venir a Mí. Mi deseo es que todos los hombres sean salvos de la ira que se encuentra delante de todos los hombres. Un día malo está por venir. Está pronto por llegar. MI gente piensa que esto es una fábula. Oh, lean Mis Palabras, para que no se hundan. Busquen y verán que todo lo que dije que pasaría está pasando, pero Mi gente no Me cree y corre tras el mundo. No Me reconocen.

Mis Palabras caen sobre la gente y ellos no la ven pasar. Hacen caso omiso de ellas y no cambian sus caminos. Ellos se niegan a lavarse en el agua de Mis Palabras y purgar su espíritu con el brillo de Mi Espíritu. Sin Mi Espíritu en toda su plenitud no puedes dirigir tu espíritu ¿cómo puedes estar limpio y listo cuando llegue a buscar a Mis hijos? Yo sólo vengo por aquellos con lámparas llenas. ¿Acaso MI Palabra no habla de esto?

¿Dónde están sus lámparas, Mis hijos? ¿Están llenas o medio vacías? Es esencial tener una lámpara llena.

Sin todo Mi Aceite no puedes ser purificado y limpiado por Mi Presencia. Necesito un lugar limpio y una novia casta para estar delante de Mí, para que Me acompañe en Mi Mesa de Bodas.

Mi Espíritu sólo puede morar en ti, si tu le das permiso para venir. Para esto, se necesita una entrega total, humilde sumisión a Mi Voluntad. Sin esta entrega, Mi Espíritu no puede interferir en tu espacio. No va a forzar la entrada en tu vida. Este intercambio se hace, todo con permiso. Tu debes dar acceso a Mi ESPÍRITU. Tu debes elegir. Tu tienes libre albedrío.

Yo Soy un Dios humilde. Yo no hago demandas poco razonables. Sólo llamo y les invitamos a participar y Cenar Conmigo y unirse a Mí para la Eternidad, para vivir Conmigo en Mi Reino, Mi Reino Eterno. Tu, sin embargo, tienes una opción y puedes optar por vivir fuera de Mi Reino. Esta opción de no ser parte de Mi, te aleja de Mi Presencia hacia el infierno. Yo soy un Dios de verdad. Si elijes contra Mí, vas a vivir en las tinieblas de afuera. El lago de fuego será tu destino, un lugar de tormento y torturas para la eternidad. Esta es Mi Palabra, Mi Palabra no cambia.

Así que la hora se acerca para MI regreso. Deja que estas Palabras te lleven al final de ti mismo para una entrega total a Mi. Deseo darte MI TODO, para que logres la vida abundante, la plenitud de corazón, desbordante paz y tranquilidad, y estar bien con Dios. Todo esto puede ser tuyo con sólo pedirlo. Lo Doy libremente. Tu no puedes ganarlo o trabajar por ello. Ninguna actividad te hace obtener Mi plenitud. Sólo el derramamiento de Mi Sangre en una Cruz humillante, puede comprar tu alma y traerte la Salvación y a la Vida Eterna en MIS Celestiales.

Ten en cuenta que la hora se acerca para Mi regreso para recuperar a MI novia. ¿Estarás tu entre Mi novia, en este grupo único de Mis seguidores, los elegidos de Dios? La invitación está extendida. No rechaces Mi oferta. Pronto esta oferta será retirada. La puerta se cerrará y Mi Mano se retirará cuando Yo vuelva por Mi novia para nuestro hogar en los cielos y NUESTRA Celebración de la bodas.

Niños, deben elegir. Pongo la VIDA delante de ti.

Este es tu REY Duradero.

Vamos, el banquete aguarda.

APOYOS BIBLICOS:

1 TIMOTEO 2:3-6: Porque esto es bueno y agradable delante de Dios nuestro Salvador, el cual quiere que todos los hombres sean salvos y vengan al conocimiento de la verdad. Porque hay un solo Dios, y un solo mediador entre Dios y los hombres, Jesucristo hombre, el cual se dio a sí mismo en rescate por todos, de lo cual se dio testimonio a su debido tiempo.

EFESIOS 5 :26-27: para santificarla, habiéndola purificado en el lavamiento del agua por la palabra, a fin de presentársela a sí mismo, una iglesia gloriosa, que no tuviese mancha ni arruga ni cosa semejante, sino que fuese santa y sin mancha.

MATEO 25: Parábola de las 10 vírgenes.

FILIPENSES 2:8: y estando en la condición de hombre, se humilló a sí mismo, haciéndose obediente hasta la muerte, y muerte de cruz.

APOCALIPSIS 19:9: Y el ángel me dijo: Escribe: Bienaventurados los que son llamados a la cena de las bodas del Cordero. Y me dijo: Éstas son palabras verdaderas de Dios.

LUCAS 12:5: Pero os enseñaré a quién debéis temer: Temed a aquel que después de haber quitado la vida, tiene poder de echar en el infierno; sí, os digo, a éste temed.

SALMO 31:5: En tu mano encomiendo mi espíritu; Tú me has redimido, oh Jehová, Dios de verdad.

APOCALIPSIS 20:15: Y el que no se halló inscrito en el libro de la vida fue lanzado al lago de fuego.

APOCALIPSIS 14:11: y el humo de su tormento sube por los siglos de los siglos. Y no tienen reposo de día ni de noche los que adoran a la bestia y a su imagen, ni nadie que reciba la marca de su nombre.

ISAÍAS 40:8: Sécase la hierba, marchítase la flor; mas la palabra del Dios nuestro permanece para siempre.

MATEO 25:10: Pero mientras ellas iban a comprar, vino el esposo; y las que estaban preparadas entraron con él a las bodas; y se cerró la puerta.

SALMO 93:2: Firme es tu trono desde entonces; Tú eres eternamente.

11. NO PUEDO LLEVARTE SI, IGNORAS MIS INSTRUCCIONES.

LAS PALABRAS DEL SEÑOR:

El Señor dio esta Palabra a Susan, el 22 de junio del 2012.

ARREPENTÍOS, ARREPENTÍOS, ARREPENTÍOS.

ESCUCHA MIS PALABRAS. ESTO ES LO QUE TENGO QUE DECIR:

Hijos, ustedes creen que hay mucho tiempo por delante, pero la hora se está disminuyendo para todos.

Escuchen con atención, MIS hijos. Quiero darles las instrucciones. MI venida está cerca. El tiempo que está siendo dado ahora, es GRACIA. Mi GRACIA es grande, pero pronto retirare Mi Mano de Gracia a los que se queden después de quitar a Mi novia de la tierra. Ella estará saliendo Conmigo porque deseo Su Presencia y pienso mantenerla a salvo. Ella se prepara. Su belleza es eterna. La tengo en Mi Lista. Le he dado Mi Belleza. Mi Amor por ella es eterna, quiero estar cerca de ella y llevarla a su hogar eterno.

Debes estar listo. No puedo tomarte si decides ignorar Mis instrucciones. Está claro en MI Palabra.

Prepárate, porque la hora se ha acercado. Lávate en Mi Sangre. Ven y límpiate en Mi Sangre.

Niños: Arrepentíos, Arrepentíos, Arrepentíos.

Esta es la instrucción vital. Todos deben arrepentirse para entrar por MIS puertas del cielo. Todos deben lavarse en Mi Sangre.

Perdona a los que te rodean. Déjate llevar por MI: pon tu vida a Mis Pies. No te reserves nada cuando vengas a MI, no te reserves nada para ti mismo. Toda tu vida, dámela a MI.

Permítanme y la llenaré. MI Plenitud se consumara en ti y ya no habrá más espacio para el mal. Debo tener tu atención, toda tu atención. Sin dejar al enemigo ni una parte de tí mismo, sino que estés en sumisión a Mí, porque sino, el enemigo te tomará y corromperá, te pervertirá, y controlará, y tu vida será comprometida y tu compromiso será tu perdición.

Mi enemigo está buscando un punto de apoyo. Él sólo quiere un poco de espacio en tu vida para entrar a vivir en ti. La destrucción es su intención, tu destrucción. Debes ser muy cuidadoso y cauteloso. Esta es la hora de la gran decepción. No seas engañado. Ven cerca de Mí. No hay otra manera. Sólo por MI Luz eres salvo. Quiero mostrarte Mi Corazón: compartir intimidades profundas contigo. Esto no es una petición, es una exigencia de Mi Reino, para la Salvación. No se dejen engañar. Muchos piensan diferente y se engañan a sí mismos en gran medida.

Muchos creen que pueden comprometerse con el mundo y las cosas de este y también dedicarse a Mi. Qué engaño. No Soy compartido con otro, Soy Celoso AMANTE. Soy un Marido Celoso. No creas que puedes amar al mundo y MI, a los dos, cuando estés delante de Mí. Y las cosas del mundo se mantienen firmemente en su mano y no te salvará. Nada de esto significará nada. Se quemará y lo echaré lejos de Mi para la eternidad.

Toma estas Palabras en tu corazón. Son sólidas. Revisa Mi Palabra y verás esta verdad por tí mismo. No juegues con tu destino, al igual que muchos lo hacen. Lamentos eternos son para aquellos que jugaban con sus vidas. El jugar con el diablo y tu tiempo de juego, se convertirá en un infierno eterno. Les traigo la Verdad ahora. Pronto, esta Verdad va a ser difícil de encontrarla. Mis Palabras son inmutables. Sujétate a la Verdad. Lean MI Palabra. Yo Soy la Segura RUTA. Toma Mi Mano. Pronto, voy a buscar a Mi novia y tu oportunidad habrá terminado. Mi paciencia se está acabando. No te demores en tomar tu decisión.

Mis hijos, vengan a Mis Brazos en espera.

Yo Soy tu Señor Eterno.

Siempre y para siempre.

APOYOS BIBLICOS:

SALMO 90:17: Sea la luz de Jehová nuestro Dios sobre nosotros, Y la obra de nuestras manos confirma sobre nosotros; Sí, la obra de nuestras manos confirma.

APOCALIPSIS 1:5: y de Jesucristo el testigo fiel, el primogénito de los muertos, y el soberano de los reyes de la tierra. Al que nos amó, y nos lavó de nuestros pecados con su sangre,

MATEO 6:14-15: Porque si perdonáis a los hombres sus ofensas, os perdonará también a vosotros vuestro Padre celestial; mas si no perdonáis a los hombres sus ofensas, tampoco vuestro Padre os perdonará vuestras ofensas.

ROMANOS 10:3: Porque ignorando la justicia de Dios, y procurando establecer la suya propia, no se han sujetado a la justicia de Dios;

SANTIAGO 4:7: Someteos, pues, a Dios; resistid al diablo, y huirá de vosotros.

EFESIOS 4:26-27: Airaos, pero no pequéis; no se ponga el sol sobre vuestro enojo, ni deis lugar al diablo.

JUAN 8:12: Otra vez Jesús les habló, diciendo: Yo soy la luz del mundo; el que me sigue, no andará en tinieblas, sino que tendrá la luz de la vida.

SAN MATEO 7:22-23: Muchos me dirán en aquel día: Señor, Señor, ¿no profetizamos en tu nombre, y en tu nombre echamos fuera demonios, y en tu nombre hicimos muchos milagros? Y entonces les declararé: Nunca os conocí; apartaos de mí, hacedores de maldad.

DEUTERONOMIO 4:24: Porque Jehová tu Dios es fuego consumidor, Dios celoso.

2 CORINTIOS 11:2: Porque os celo con celo de Dios; pues os he desposado con un solo esposo, para presentaros como una virgen pura a Cristo.

SANTIAGO 5:1-5: ¡Vamos ahora, ricos! Llorad y aullad por las miserias que os vendrán. Vuestras riquezas están podridas, y vuestras ropas están comidas de polilla. Vuestro oro y plata están en mohecidos; y su moho testificará contra vosotros, y devorará del todo vuestras carnes como fuego. Habéis acumulado tesoros para los días postreros. He aquí, clama el jornal de los obreros que han cosechado vuestras tierras, el cual por engaño no les ha sido pagado por vosotros; y los clamores de los que habían segado han entrado en los oídos del Señor de los ejércitos. Habéis vivido en deleites sobre la tierra, y sido disolutos; habéis engordado vuestros corazones como en día de matanza.

PROVERBIOS 30:5: Toda palabra de Dios es limpia; Él es escudo a los que en él esperan.

LAS PALABRAS DEL SEÑOR: NO PUEDO, EN CUALQUIER FORMA, BENDICIR ESTE ABRUMADOR MAL

Sábado, 7 de julio del 2012.

QUERIDOS FIELES SEGUIDORES DE CRISTO:

Para conocer el futuro, a veces hay que mirar al pasado. Por ejemplo, si nos fijamos en los libros de Daniel y Apocalipsis, se pueden encontrar las cosas predichas hace cientos de años Y están llegando ahora a aproximarse. Ahora es tan increíble, es difícil pasar por alto algo predicho hace mucho tiempo y que pueda reunirse con tal precisión.

Esto es tan increíble que muchos lo niegan, por cualquier razón, y no quieren creer que estamos en el Final de los tiempos bíblicos.

En cuanto a mí, personalmente, el Señor me dijo en marzo del 2009 que estaría haciendo su trabajo del fin de los tiempos y que debía salir y advertir a las personas. Luego, más tarde en diciembre del 2009 mi pastor me dio una palabra de Jehová que iba a ser 11 horas de trabajo. Ahora bien, hoy, julio del 2012 me doy cuenta de que no había manera de que en marzo del 2009 pudiera haber conocido los hechos que ahora están saliendo por el mundo. Esto me dice que el grado de fiabilidad que estas palabras fueron y lo importante que me lleva a advertirle a la gente que se preparare y estén listo para el Retorno del Señor.

Dentro de este mensaje están tres cartas poderosas donde el Señor nos dice que nos preparemos y estemos listos para el Retorno del Señor.

MARCOS 13:29-30: Así también vosotros, cuando veáis que suceden estas cosas, conoced que está cerca, a las puertas. De cierto os digo, que no pasará esta generación hasta que todo esto acontezca.

12. NO SEAS COMO LA ESPOSA DE LOT.

El Señor dio esta Palabra a Susan, el 30 de junio del 2012.

NO PUEDO, EN NINGUNA FORMA, BENDICIR ESTE MAL ABRUMADOR.

SÍ, PODEMOS EMPEZAR:

HIJITOS, SOY YO, EL SEÑOR HABLA:

La hora está a la mano de Mi pronto regreso. Todo está listo. Estoy listo para hacer Mi entrada triunfal. La hora se acerca para Mi regreso. Lo haré, No lo dudes. Hablé de este evento hace mucho tiempo. Yo anuncié Mi Venida. Hablé de las cosas que deben buscar y lo que iba a suceder antes de Mi regreso. Todas estas cosas están cumpliéndose. Todo se está alineando con Mis Palabras. ¿Por qué dudas de eso? ¿Por qué haces tanta burla sobre Mis Verdades que han venido a pasar? ¿Será porque tu tienes un estricto control sobre las cosas del mundo y no quieres salir de este mundo y seguir tras Mi Reino, en tu corazón?

Hijos, no sean como la mujer de Lot, que miró de nuevo a ese último momento y dio lo mejor para el mal. Este mismo final será tuyo si sigues aferrándote a este mundo y a Mi enemigo que te tiene cautivo. Lo que parece normal, no lo es. Este mundo tiene el engaño y la mentira y va en contra de Mi Verdad, Mis Palabras, incluso, las buenas obras del mundo son una mentira, porque todo lo que va en contra de Mi Voluntad, va en contra de Mi Reino. Este es el engaño del mundo y de Mi enemigo para calmarles y sigan creyendo que lo que parece normal y justo, es verdad y te salvará, pero se aferran a una mentira, apartados de una entrega total a Mi Voluntad. Todas las otras direcciones para ir al cielo, están pavimentadas con el engaño y la traición. Esta generación ha sido fácilmente engañada y alejada de Mi Verdad Pura: el Camino Estrecho, el Camino Verdadero.

Así que muchos se encontrarán caminando por el camino ancho de la destrucción, lejos de Mi Reino Eterno, ¿es esto cierto en ti? ¿Sabes en qué dirección te estás moviendo? ¿Estás tomando el camino ancho de destrucción o estás caminando por el camino recto de la salvación y de la vida eterna en MI, tu SEÑOR y SALVADOR? Sólo hay UN Camino Estrecho. Yo Soy el CAMINO. Todas las demás direcciones conducen a la muerte, a la condenación eterna, al infierno eterno, al tormento, y a una gran pérdida. Haz tu camino en Mi Camino Estrecho rápidamente.

Esta es Mi instrucción Sincera: Arrepiéntete del pecado que ha llenado tu vida y que te mueve en tu propia voluntad, apartado de Mi Voluntad. Entrega cada aspecto de tu vida a Mi, incluyendo tus planes del futuro. Pon tu mano hacia la liberación a través de Mi control. Permíteme que te cubra en Mi Sangre. Quiero limpiarte en Mi Palabra, lavarte, y así prepararte para Mis Celestiales. Ábrete a Mi, completamente y te llenaré con Mi Espíritu. Mi Espíritu luego te guiará, a toda la Verdad y por Su Poder recibirás la libertad del pecado que tu necesitas para estar listo para Mi futura Venida.

Todo está listo. Solo estoy esperando a los hijos. Estoy dispuesto a unirme con Mis hijos. Estoy listo para que vengan a Mi Presencia, para estar juntos, para comenzar nuestra vida eterna juntos. Esta debe ser la hora en que haré Mi gran movimiento, cuando todo se ha convertido oscuro. El mundo se está moviendo contra Mí y pronto descubrirá Mi Ira derramada: el castigo por el rechazo abrumador de su DIOS.

No te dejes engañar. Esta hora se acerca. Es malo continuar mirando a este mundo por tus respuestas, para tus futuras aspiraciones, y aferrarte a un mundo que sólo acoge y desea el mal y te separa de DIOS.

¿No ven esto MIS hijos? No puedo, en NINGUNA forma, bendecir este mal abrumador. Bailas con el diablo, si continúas con ansias de un futuro en este mundo. Tu te excusas por tu anhelar por este mundo en un sinnúmeros de formas. Todo está mal y aquellos que aspiran a vivir en este mundo recibirán los anhelos de sus corazones, sólo que lo que viene a este mundo no es lo que imaginan.

¡Yo no seré burlado! Si tú sigues a este mundo malo en tu corazón y todos sus adornos, entonces disfrutarás de las peticiones de tu corazón. Te sucederá como tú lo deseas. Así que ten cuidado de los deseos de los ojos en un mundo que se hace más frío cada día. Agárrame con sinceridad, La Mano y encuentra la salvación de tu alma y se, rescatado de lo que viene a este mundo.

¡Dios no puede ser burlado! Busca el camino estrecho.

Rey Fiel.

Fortaleza para tiempos oscuros.

APOYOS BIBLICOS:

MARCOS 13:29: Así también vosotros, cuando veáis que suceden estas cosas, conoced que está cerca, a las puertas.

GÉNESIS 19:26: Entonces la mujer de Lot miró atrás, a espaldas de él, y se volvió estatua de sal.

LUCAS 17:32: Acordaos de la mujer de Lot.

2 TIMOTEO 4:3: Porque vendrá tiempo cuando no sufrirán la sana doctrina, sino que teniendo comezón de oír, se amontonarán maestros conforme a sus propias concupiscencias,

MATEO 7:13: Entrad por la puerta estrecha; porque ancha es la puerta, y espacioso el camino que lleva a la perdición, y muchos son los que entran por ella;

APOCALIPSIS 7:14: Yo le dije: Señor, tú lo sabes. Y él me dijo: Éstos son los que han salido de la gran tribulación, y han lavado sus ropas, y las han emblanquecido en la sangre del Cordero.

ROMANOS 10:3: Porque ignorando la justicia de Dios, y procurando establecer la suya propia, no se han sujetado a la justicia de Dios;

LUCAS 3:16: respondió Juan, diciendo a todos: Yo a la verdad os bautizo en agua; pero viene uno más poderoso que yo, de quien no soy digno de desatar la correa de su calzado; él os bautizará en Espíritu Santo y fuego.

MATEO 24:12: y por haberse multiplicado la maldad, el amor de muchos se enfriará.

1 JUAN 2:16: Porque todo lo que hay en el mundo, los deseos de la carne, los deseos de los ojos, y la vanagloria de la vida, no proviene del Padre, sino del mundo.

GÁLATAS 6:7: No os engañéis; Dios no puede ser burlado: pues todo lo que el hombre sembrare, eso también segará.

SI, SE ESTÁN MOVIENDO EN SUS PROPIOS PLANES, MI PRONTO REGRESO NO SERÁ DE SU AGRADO.

El Señor dio esta Palabra a Susan, el 1 de julio del 2012.

LAS PALABRAS DEL SEÑOR:

SI TUS OJOS NO ESTÁN EN MÍ, TE VAS A PERDER DE MI VENIDA.

SUSAN SOY YO, EL SEÑOR HABLA:

ESTA ES MI VOZ. ESCUCHA CON ATENCIÓN:

Mis hijos, los vientos están cambiando. Hay un cambio en la oscuridad. El mundo crece en oscuridad. Se está convirtiendo en una tierra oscura. Mi Pueblo muere por falta de conocimiento. Persiguen la oscuridad a cada paso. Todo está creciendo en el mal. Mi ira viene a este mundo. Quiero salvarles, Mis hijos, antes de que llegue la hora.

Esta hora está oscura y cada día se acerca: el día en que los hombres Me nieguen a Mi, su SEÑOR. Mañana podría ser el último día. Es así como está cerca Mi Venida. Tu debes permanecer en estado de alerta: siempre mirando, siempre anticipando, sensible al movimiento de Dios.

¿Por qué te quiero en alerta? Porque así como lo fue en los días de Noé, así será otra vez: estaban comiendo y bebiendo, casándose y dándose en casamiento, así será de nuevo. Sólo aquellos que están alerta, mirando, y mantienen sus lámparas llenas, les permitiré entrar por Mi Puerta de escape.

Esta es una seria advertencia.

Mis hijos no creen Mis Palabras. Se han convertido a sus propias creencias y formas. Ellos creen que ver a Mi regreso no es esencial para su salvación. Si no miran a mi regreso, se quedarán atrás cuando venga por MI novia, MI iglesia. Pocos quieren creen que la observación es un requisito de estar listo, pero sin ver, no están buscando y no tienen sus ojos en Mí.

Si tus ojos no están en Mí, te vas a perder de Mi venida y el enemigo te distraerá y te hará suyo. Una vez que tu perteneces a MI enemigo, la destrucción es tu destino. Pocos quieren aceptar esta Verdad. Muchos quieren restar y argumentan que la observación no está en Mi Voluntad. Sólo los espectadores estarán llegando.

Sólo los que Me persiguen con pasión, son verdaderamente Míos. Si tú estás en Mi Voluntad estarías observando todos Mis movimientos y sabrías los tiempos que estás viviendo. Si tu te estás moviendo en tus propios planes, lejos de Mi Voluntad, no viendo a Mi regreso, pronto lo que viene, no será de tu agrado. Pero Mi Voluntad es Verdad, a pesar de los deseos y los planes de los hombres. Establece tus planes propios, entrega tu vida y planes a Mí.

Incluso, Mis líderes corren en sus vidas, apartados de Mí y están fuera de sintonía de lo que estoy haciendo ahora en el mundo. Su deseo de hacer su propia voluntad, los tienen engañados a muchos, porque están fuera del camino de la rectitud y sin mirar a Mí y a Mi pronto regreso. No te dejes engañar. Incluso, lo que se ve, bien, puede ser el engaño de Mi enemigo que viene como un ángel de luz. Sólo mirando a Mí, estará tu salvación asegurada.

Los que se mueven en el camino estrecho y ven todos Mis movimientos, no estarán decepcionados cuando me levante a salir a la libertad. Todos los demás se quedarán con gran tristeza y pérdida.

Vean Mis hijos, miren por Mí. Sólo aquellos cuyo espíritu está anhelando por Mi, serán hallados listo para cuando Yo vuelva. Estén atentos a Mí.

VIENE EL ESPOSO.

APOYOS BIBLICOS:

LUCAS 12:37: Bienaventurados aquellos siervos a los cuales su señor, cuando venga, halle velando; de cierto os digo que se ceñirá, y hará que se sienten a la mesa, y vendrá a servirles.

MATEO 24:42-51: Velad, pues, porque no sabéis a qué hora ha de venir vuestro Señor. Pero sabed esto, que si el padre de familia supiese a qué hora el ladrón habría de venir, velaría, y no dejaría minar su casa. Por tanto, también vosotros estad preparados; porque el Hijo del Hombre vendrá a la hora que no pensáis. ¿Quién es, pues, el siervo fiel y prudente, al cual puso su señor sobre su casa para que les dé el alimento a tiempo? Bienaventurado aquel siervo al cual, cuando su señor venga, le halle haciendo así. De cierto os digo que sobre todos sus bienes le pondrá. Pero si aquel siervo malo dijere en su corazón: Mi señor tarda en venir; y comenzare a golpear a sus consiervos, y aun a comer y a beber con los borrachos, vendrá el señor de aquel siervo en día que éste no espera, y a la hora que no sabe, y lo castigará duramente, y pondrá su parte con los hipócritas; allí será el lloro y el crujir de dientes.

13. HIJOS, BÚSQUENME EN TODAS LAS COSAS.

El Señor dio esta Palabra a Susan, el 3 de julio del 2012.

MI BUEN NOMBRE ES LANZADO COMO LAS OLAS EN EL MAR, POR EL DESCUIDO DE

LOS HOMBRES INSENSIBLES.

HIJA, SOY YO, EL SEÑOR HABLA.

SUSAN, ESCUCHA MIS PALABRAS:

Hay vientos de cambio que se mueven por la tierra. Yo no estoy satisfecho con los hombres y su rechazo hacia Mí. El mundo se está quedando lejos de Mí. Mis hijos han encontrado otras amantes. Ellos están corriendo de aquí para allá en busca de respuestas. ¡Pero Yo Soy la Única y verdadera RESPUESTA!

Las respuestas que están recibiendo los llevarán por mal camino. Niños, búsquenme en todas las cosas, en todos tus caminos. Envía tu vida a Mí porque el tiempo es corto y hay muy poco tiempo para hacer las cosas bien Conmigo. Necesito una novia pura, que no esté contaminada, pura y casta en todas sus formas. Yo no puedo tomar a aquellos cuyas manos permanecen sucias por manipular las cosas del mundo. El mundo está en enemistad conmigo.

Todo se ve bien y muy bien, pero este mundo y sus caminos están llenos de contaminación, de suciedad, y eso no es todo. Mi Nombre es sacrificado por todos los que lo usan en vano. Mi buen Nombre se lanza descuidadamente como las olas en el mar, por insensibles hombres. Arrepiéntete de este pecado, porque nadie puede ver Mi cara sin la Cubierta de Mi Sangre y sobrevivir.

Sin arrepentimiento y sin sumisión a Mí como tu Señor y SALVADOR, todos serán desechados por la eternidad. No cabe duda de que este mensaje son Mis Palabras que hablan la verdad. Yo Soy un Dios de verdad. Mi paciencia se está acabando para esta generación perversa que tiene tan poco respeto a Mí y a Mi Nombre.

Pronto, voy a prescindir del mal que asola la tierra, pero no antes de castigar a aquellos que se han vuelto contra Mí, y se han burlado de Mí, y despiadadamente desprecian Mis Leyes y Mandamientos. La Gracia no ha prescindido de Mis Mandamientos. Sólo se permite a los hombres vivir con éxito, con ellos. Los hijos que todavía quieren seguir Mis caminos. ¿Cómo van a saber el camino de la pureza? Ven a Mi, plenamente.

Recibe el derramamiento de Mi Espíritu, y Él te llevará por la vía de la justicia y la liberación.

Ningún hombre puede vencer el pecado sin la impartición de MI ESPÍRITU. Sólo por el Espíritu en plenitud es que se obtiene el Poder de caminar en Mis Caminos y Leyes. Recibe Mi Espíritu plenamente, y experimenta la cubierta de Mi Sangre, y estarás facultado para caminar en la Verdad, Libertad, y Mi Gracia salvadora. Es tuya, La liberación es tuya, La libertad del pecado es tuya.

Ven y entrega tu "yo" y pon tu vida en Mis manos. Estate libre de las tentaciones del mal. Camina todos los días Conmigo. La Paz y la salvación de tu mente, son tuyos. Deja la opresión de vivir al margen de Dios, tu CREADOR, HACEDOR. Vuelve a Mis brazos amorosos.

Estoy esperando para salvarte, y te guardaré para Mí por toda la eternidad. Refréscate en Mis fuentes de aguas de vida.

YO SOY TU SEÑOR Y SALVADOR.

BENDITO REDENTOR. EMANUEL.

APOYOS BIBLICOS:

2 TIMOTEO 4:3: Porque vendrá tiempo cuando no sufrirán la sana doctrina, sino que teniendo comezón de oír, se amontonarán maestros conforme a sus propias concupiscencias,

DANIEL 12:4: Pero tú, Daniel, cierra las palabras y sella el libro hasta el tiempo del fin. Muchos correrán de aquí para allá, y la ciencia se aumentará.

JUAN 12:25: El que ama su vida, la perderá; y el que aborrece su vida en este mundo, para vida eterna la guardará.

LEVÍTICO 19:12: Y no juraréis falsamente por mi nombre, profanando así el nombre de tu Dios. Yo Jehová.

HEBREOS 10:19: Así que, hermanos, teniendo libertad para entrar en el Lugar Santísimo por la sangre de Jesucristo,

HEBREOS 10:29: ¿Cuánto mayor castigo pensáis que merecerá el que pisoteare al Hijo de Dios, y tuviere por inmunda la sangre del pacto en la cual fue santificado, e hiciere afrenta al Espíritu de gracia?

ROMANOS 6:15: ¿Qué, pues? ¿Pecaremos, porque no estamos bajo la ley, sino bajo la gracia? En ninguna manera.

APOCALIPSIS 12:17: Entonces el dragón se llenó de ira contra la mujer; y se fue a hacer guerra contra el resto de la descendencia de ella, los que guardan los mandamientos de Dios y tienen el testimonio de Jesucristo.

MATEO 19:17: Él le dijo: ¿Por qué me llamas bueno? Ninguno hay bueno sino uno: Dios. Mas si quieres entrar en la vida, guarda los mandamientos.

HEBREOS 10:16: Éste es el pacto que haré con ellos después de aquellos días, dice el Señor: Pondré mis leyes en sus corazones, y en sus mentes las escribiré.

MI IGLESIA TIBIA ESTARÁ NAUFRAGANDO.

Las palabras del Señor para hoy (Publicados en www.End-Times-Prophecy.Com)

(El Señor dio esta Palabra a Susan, el 7 de julio de 2012)

PALABRAS DEL SEÑOR:

AHORA ES LA HORA DE HACER LAS COSAS BIEN ENTRE NOSOTROS. MI IGLESIA TIBIA SERÁ DESECHADA PORQUE ELIGIERON BUSCAR INTIMIDAD CON MI ENEMIGO AL TRATAR DE MANIPULAR LO SANTO.

HIJA TE DARÉ PALABRAS.

PODEMOS EMPEZAR:

ESTAS SON MIS PALABRAS. NO LO DUDES. HIJITOS, SOY EL SEÑOR DE LOS CIELOS. TENGO PALABRAS PARA TI HOY:

El mundo experimentará un cierre a la vida, ya que ha sido conocido. Con la mano protectora, he estado guardando de nuevo los problemas de la tierra y que ahora están viendo que se están manifestando por desobediencia y el rechazo hacia Dios por los hombres. Pronto, yo alzaré a Mis verdaderos seguidores, a Mi verdadera iglesia fuera de este mal mundo, y la llevaré a la seguridad. ¿Estás listo para ir? ¿Quieres venir con los que se unirán Conmigo en Mi Matrimonio y la mesa de la Cena de bodas? Será un gran día, un momento de celebración, el deseo cumplido. Mis hijos bendecidos se unirán a Mí para intercambiar nuestras alegrías, risas y amor. ¡Qué momento de felicidad para Mi novia, pues NOS reuniremos por toda la eternidad. Tu puedes unirte a nosotros. Únete a MI, tu DIOS. Este es Mi deseo para ti, lograr la totalidad de tu entrega.

Los hijos tienen que hacer la paz Conmigo, su Dios, bajo el Amparo de Mi Sangre, de Mi Espíritu Santo en toda su plenitud, y en sumisión humilde y completa a Mi, con el arrepentimiento de sus pecados pasados.

Este es MI Requisito para la salvación.

¡Queridos hijos, vengan a Mí ahora! Coloca tu vida delante de Mí. Enfoca tu vista en Mí. Yo Soy el Único y Verdadero Camino a la seguridad de la maldad que es descendente en la tierra. No hay otro camino a la seguridad. Corre hacia Mis manos de Seguridad, de Paz y de Vida Eterna. Aférrate a Mi. Acércate, vuélvete de tus malos caminos y búscame en todos tus caminos.

No hay respuestas en este mundo perdido lleno de desesperanza. Lo que parece justicia y verdad es una trampa tendida por MI enemigo para atraerlos fuera de Mi, la única y verdadera vía de escape. Él quiere enviarte al infierno. Él quiere extraviarte. Él quiere tomar tu vida para destruirla.

Todo lo que ven en el mundo es el engaño urdido por MI enemigo para tu desaparición. Muchos caen en esta trampa, más son engañados pero Yo te puedo guardar. Pocos encuentran el Camino Estrecho. Sólo unos pocos vienen a Mis brazos de seguridad. No te dejes engañar cuando otros quieren hacerte creer diferente.

Ellos quieren que tu creas que puedes tener los caminos del mundo y a Mí, al mismo tiempo. Esto es una mentira de la boca del infierno. MI iglesia tibia será desechada porque eligieron buscar intimidad con Mi enemigo al tratar de manipular lo Santo. Los dos no pueden mezclarse. ¿Qué lugar tiene la oscuridad en Mi Reino?

Detenerse y considerar las opciones que usted está haciendo. Tu búsqueda del mundo, mientras me persigues te hace de doble ánimo e inconstante en todos tus caminos, ten cuidado con lo que tu base de apoyo es, y Mi enemigo está buscando una manera de interponerse entre nosotros. Pronto, deja las actividades del mundo, porque vengo a retirar a mi verdadera iglesia a un lugar seguro.

Hay dos opciones. ¿Vas a elegir a MI, tu CREADOR o correrás con Mi enemigo? Él está más que dispuesto a llevarte lejos de Mi. Si vienes cerca de Mí, yo te daré protección contra la tormenta. Coloca tu vida ante Mí, déjame tomar tu vida y la utilizaré para Mi Gloria y para alcanzar a otros que se están ahogando en las mentiras del mundo. La hora es corta. Ven pronto a Mi Gracia salvadora. Permítanme santificarles y purificarles, para que estén listos para Mi Reino.

Este es DIOS. El ÚNICO DIOS. Salvador de todos. Yo Soy el que tiene todas las respuestas para el universo.

No busques más, tengo toda la verdad.

Puedes estar tranquilo, tengo las llaves de la vida.

PADRE, HIJO Y ESPÍRITU SANTO.

DIOS TRIUNO.

APOYOS BIBLICOS:

HECHOS 20:28: Por tanto, mirad por vosotros, y por todo el rebaño en que el Espíritu Santo os ha puesto por obispos, para apacentar la iglesia del Señor, la cual él ganó por su propia sangre.

ROMANOS 10:3: Porque ignorando la justicia de Dios, y procurando establecer la suya propia, no se han sujetado a la justicia de Dios.

MARCOS 1:15: diciendo: El tiempo se ha cumplido, y el reino de Dios se ha acercado; arrepentíos, y creed en el evangelio.

MARCOS 2:17: Al oír esto Jesús, les dijo: Los sanos no tienen necesidad de médico, sino los enfermos. No he venido a llamar a justos, sino a pecadores.

MARCOS 6:12: Y saliendo, predicaban que los hombres se arrepintiesen.

JUAN 10:10: El ladrón no viene sino para hurtar y matar y destruir; yo he venido para que tengan vida, y para que la tengan en abundancia.

2 CORINTIOS 6:14:   No os unáis en yugo desigual con los incrédulos; porque ¿qué compañerismo tiene la justicia con la injusticia? ¿Y qué comunión la luz con las tinieblas?

SANTIAGO 1:8: El hombre de doble ánimo es inconstante en todos sus caminos.

SANTIAGO 4:8: Acercaos a Dios, y él se acercará a vosotros. Pecadores, limpiad las manos; y vosotros los de doble ánimo, purificad vuestros corazones.

14. NADA PUEDE DETENER LO QUE HE ORDENADO.

El Señor dio estas Palabras a Susan, el 9 de julio del 2012.

LAS PALABRAS DEL SEÑOR:

¿DE VERDAD CREES QUE LEJOS DE MI MANO PROTECTORA, EL MUNDO SE RECUPERARÁ HACIA LA PAZ Y LA ABUNDANCIA?

SUSAN, ESCUCHA MIS PALABRAS, ESCRIBELAS:

Me estoy acercando a la tierra. Nada puede detener lo que he ordenado.

La hora se acerca. Muchos todavía creen que Mis palabras, no son ciertas. Muchos piensan que Mi Libro es una fábula y que el hombre pecador no tendrá un día de ajuste de cuentas con su Dios. Esto no podría estar más alejado de la verdad. Incluso ahora, estoy empezando a derramar Mi juicio sobre esta tierra, Mi castigo por el pecado evidente y la desobediencia de la humanidad.

Aunque Yo Soy un Dios paciente, Mis promesas se cumplirán tal y como yo las he dado. Mi Palabra es Verdad. Lean Mi Palabra. Vean que todo lo que dije que pasaría está sucediendo. Yo soy fiel a Mi Palabra.

Hijos, ¿no ven la destrucción que viene al mundo? ¿No ves que el mundo está en problemas? ¿De verdad crees que lejos de Mi Mano protectora, este mundo se recuperará hacia la paz y la generosidad? La dificultad viene, mis hijos, el problema que se describe en Mi Libro. Está llegando. No cabe la duda en Mi Palabra.

Te doy estas palabras para preparar tu corazón, para que tu estés preparado para acercarte a Mí y puedas evitar la ira que viene.

Mi iglesia no es, para la ira. Esto no es su legado. Mi iglesia debía ser arrebatada y protegida, protegida de la tiranía que se encuentra por venir.

Los tibios, los idólatras, rebeldes, blasfemos, y sexualmente inmorales permanecerán detrás, tras probar el resultado de un mundo que ha enloquecido, privado de la Mano de su Dios, de Su Protección y Orientación.

El mundo será testigo de lo que es la vida, lejos de Mi Amor y Devoción.

Entra en el Poder de Mi Espíritu Santo. Haz una entrega total a Mi, de tu vida. Sólo entonces puedo llenarte y hacerte en todo, a Mi Semejanza, sólo entonces puedes conquistar con éxito el pecado y hacerte SANTO, sin arrugas, ni manchas: listo para Mi venida y el rapto de la novia, a la seguridad.

Estas son Mis instrucciones. Arrepiéntete de tus pecados. Coloca tu vida bajo mi voluntad. Dame una entrega total.

No retengas nada a Mí. Dame todo lo que eres y todo lo que tienes. Déjame tomar tu vida. Déjame poner tus cenizas en Mi Belleza. Mientras no hagas esto, estás fuera de Mí y eres de Mi enemigo. Él es tu señor. Él te controla para que hagas lo que le plazca en contra de Mi Reino, de Mi Voluntad, Mis Caminos.

Tu estás trabajando en contra de Mi, y No importa lo que pienses y lo que te parece a ti, está en oposición a Mi.

¿Quieres estar fuera de Mi Reino por la eternidad, apartado de tu Dios, tu Creador? Así permanecerás, hasta que renuncies y entregues tu todo a Mí, con arrepentimiento, humillado de corazón.

Hay poco tiempo que queda antes de hacer Mis movimientos y llevarme a las personas a un lugar seguro.

Se una de estas personas únicas: los que entregan todo a su Dios y se alejan de los caminos del mundo.

Espero tu decisión.

Yo Soy un Dios de Verdad. No hay otra Verdad.

Yo Soy el GRAN PORTADOR DE VERDAD.

DIOS TODOPODEROSO.

APOYOS BIBLICOS:

SALMO 95:11: Por tanto, juré en mi furor Que no entrarían en mi reposo.

EZEQUIEL 7:19: Arrojarán su plata en las calles, y su oro será desechado; ni su plata ni su oro podrá librarlos en el día del furor de Jehová; no saciarán su alma, ni llenarán sus entrañas, porque ha sido tropiezo para su maldad.

NAHUM 1:2: Jehová es Dios celoso y vengador; Jehová es vengador y lleno de indignación; se venga de sus adversarios, y guarda enojo para sus enemigos.

1 TESALONICENSES 5:9: Porque no nos ha puesto Dios para ira, sino para alcanzar salvación por medio de nuestro Señor Jesucristo,

2 TIMOTEO 3:1-4: También debes saber esto: que en los postreros días vendrán tiempos peligrosos. Porque habrá hombres amadores de sí mismos, avaros, vanagloriosos, soberbios, blasfemos, desobedientes a los padres, ingratos, impíos, sin afecto natural, implacables, calumniadores, intemperantes, crueles, aborrecedores de lo bueno, traidores, impetuosos, infatuados, amadores de los deleites más que de Dios,

2 CORINTIOS 3:18: Por tanto, nosotros todos, mirando a cara descubierta como en un espejo la gloria del Señor, somos transformados de gloria en gloria en la misma imagen, como por el Espíritu del Señor.

ISAÍAS 61:3: a ordenar que a los afligidos de Sion se les dé gloria en lugar de ceniza, óleo de gozo en lugar de luto, manto de alegría en lugar del espíritu angustiado; y serán llamados árboles de justicia, plantío de Jehová, para gloria suya.

1 JUAN 2:15: No améis al mundo, ni las cosas que están en el mundo. Si alguno ama al mundo, el amor del Padre no está en él.

APOCALIPSIS 19:15: De su boca sale una espada aguda, para herir con ella a las naciones, y él las regirá con vara de hierro; y él pisa el lagar del vino del furor y de la ira del Dios Todopoderoso.

AHORA ES LA HORA DE ARREGLAR LAS COSAS ENTRE NOSOTROS.

El Señor dio estas Palabras a Susan, el 12 de julio del 2012.

SUSAN, ES TU SEÑOR.

ESCUCHA CON ATENCIÓN, CUANDO YO TE DOY LAS PALABRAS:

Hay un día y una hora en que Mi gente no atenderá a Mis razones. Ellos a su vez se alejarán de lo que está bien y harán lo que quieren en sus propios corazones pecaminosos. Esta hora ha llegado.

Las personas que decidan en contra, se levantan y audazmente agitan su puño hacia Mi para darme a conocer, a través del desafío, que van a hacer lo que quieran, lo que está en su corazón, y que no van a seguirme. Las personas se han vuelto locos con el mal, la rebelión y la brujería. Sus corazones dominan sobre ellos. Ellos trabajan en contra de su Dios. Ellos blasfeman y se elevan hasta hacer su propia voluntad.

Levantan el puño y dicen: "Voy a ser mi propio Dios. Yo me gobernaré, yo no tengo a nadie que me diga cómo vivir" Estos son mis hijos que se apartan, y cubren la tierra. Ellos son incontables, que hacen su propia voluntad y siguen a su dios, Mi enemigo. Él gobierna sus corazones. Reciben órdenes de él. Aunque lo hacen sin saberlo, él es su maestro y los jala hacia abajo, hasta que pasan por la vida.

Sí, aun MIS líderes llevan muchos al engaño, arrastran a Mi gente engañados por las doctrinas de hombres y demonios, porque se niegan a entregar todo a Mi, se niegan a arrepentirse y entregarse. Ellos quieren hacer las cosas a su manera y no según Mi Voluntad.

¿Cómo es que tú puedes saber Mi Voluntad? Sólo por una entrega del corazón y tu propia voluntad y planes. Tu debes estar dispuesto a poner todo delante de Mí. Esta es la única manera para Mi Salvación. No hay otra ruta. No puedes ser salvo caminando en una multitud de direcciones, porque sólo hay Un Camino Seguro. Yo Soy el Camino Angosto hacia la Verdad. Yo necesito que entregues tu todo a Mí, humillado, con corazón arrepentido. No hay otro camino por el cual un hombre pueda ser salvo sino por la cubierta de MI Sangre, la cual se transmite a través de una entrega completa a Mi. Sólo a través de una entrega total es que entonces recibes Mi Espíritu Santo en toda Su plenitud para ser llenado tu lámpara de aceite. Es por Su Poder que puedes vivir la vida que Yo pongo delante de ti para que vivas en: pureza, humildad, y sin pecado.

Así es como Mis hijos pueden ser puestos en libertad y ser preparados para MI Venida y llevarlos a un lugar seguro.

No dejes que nadie te engañe, no hay otra manera. Coloca tu vida en sumisión ante Mi. Clama a Mí diciéndome que Me quieres como tu Señor y Maestro. Entonces, puedo traer Mi Salvación y librarte de la ira venidera.

Ahora es la hora de hacer las cosas bien entre NOSOTROS. Permíteme aclarar el camino a Tu salvación, te doy seguridad y entrada a MIS Cielos. Estoy dispuesto. Mi Sangre es Gratuita.

Este es tu Salvador, que se declara a ti. Busca Mi Salvación. Conóceme en la intimidad profunda. Tu tiempo se está acabando.

YO TE AMO,

CORDERO del Cielo.

APOYOS BIBLICOS:

GÁLATAS 5:19-21: Y manifiestas son las obras de la carne, que son: adulterio, fornicación, inmundicia, lascivia, idolatría, hechicerías, enemistades, pleitos, celos, iras, contiendas, disensiones, herejías, envidias, homicidios, borracheras, orgías, y cosas semejantes a estas; acerca de las cuales os amonesto, como ya os lo he dicho antes, que los que practican tales cosas no heredarán el reino de Dios.

GÁLATAS 1:14: y en el judaísmo aventajaba a muchos de mis contemporáneos en mi nación, siendo mucho más celoso de las tradiciones de mis padres.

MATEO 15:9: Pues en vano me honran, Enseñando como doctrinas, mandamientos de hombres.

EFESIOS 4:14: para que ya no seamos niños fluctuantes, llevados por doquiera de todo viento de doctrina, por estratagema de hombres que para engañar emplean con astucia las artimañas del error,

JUAN 14:6: Jesús le dijo: Yo soy el camino, y la verdad, y la vida; nadie viene al Padre, sino por mí.

GÁLATAS 5:16: Digo, pues: Andad en el Espíritu, y no satisfagáis los deseos de la carne.

SI SUPIERAS QUE EL CIERRE DE MI VENIDA ESTA CERCA.

TU ESTÁS FASCINADO POR EL MUNDO Y TODAS SUS FALSAS ESPERANZAS.

El Señor dio estas Palabras a Susan, el 17 de Julio del 2012.

Las palabras del Señor para hoy (Publicados en www.End-Times-Prophecy.Com)

PALABRAS DEL SEÑOR:

BUSCAME, DESPIERTA PARA MI REGRESO.

El tiempo se acerca para Mi regreso a la tierra. Se está cerrando. Hay sólo unos pocos que realmente están prestando atención. He sido claro en todo sobre las maneras en que debes buscarme. He presentado señales que debes observar. He dado muchas señales para que sepas que Mi venida es pronto. Sin embargo, Mi Palabra es ignorada y los hombres han optado por rechazarme, su SEÑOR. Es lo que prefieren. Yo siempre he sido claro en Mis escritos, Mi Palabra, la cual es inspirada, por el Espíritu Santo. ÉL es el que da vida a toda la Palabra. Mi Palabra es la Vida. Habla la Verdad y Mis Palabras que son Eternas. Por eso los hombres pueden recurrir a MI Palabra y descubrir toda la Verdad, recibir Orientación, y obtener todas las respuestas que necesitan para vivir en esta vida.

No hay otra fuente que hable la Verdad Absoluta a la humanidad sobre como conocer y comprender lo que Dios espera de ellos en esta vida. Es por eso qué Mi enemigo se esfuerza por llevar a los hombres extraviados y lejos de Mis Palabras de Verdad.

Quédate en Mis Palabras: Mis palabras son de oro, joyas preciosas de Verdad, Conocimiento y Poder, es el mismo Poder de Mi Espíritu que fortalece para batallar en contra del pecado y Mi enemigo.

No puede soportar que Mis hijos no hayan construido su fe mediante la lectura de MI PALABRA. Hay Poder en el Conocimiento y la Verdad. Hijos, si tu supieras lo cerca que Mi

105

venida está, te haría despertar de tu letargo, no descuidarías MI Palabra y para ti sería importante mi verdad a través del Poder de Mi Espíritu.

Es sólo por Mi Espíritu que se puede vencer el pecado y la aflicción de MI enemigo en tu vida. Yo quiero que estés en todo, preparado para MI regreso. Así que despierta a la Verdad de leer MI Palabra, entrega tu todo para Mí. Después sigue con fuerza a tu Señor. Búscame en todo momento. Deja que te guíe. ¡Entrega tu vida en RENDICIÓN COMPLETA A MI! No dejes nada detrás. Pon toda tu vida en Mis manos.

Permíteme tomar tu vida y crear una música dulce. Déjame escribir música hermosa en tu corazón. Deja que refresque tu espíritu de nuevo, aliento para tu espíritu. Tu lámpara de aceite se llenará y tu atención se centrará en Mi.

No quites los ojos de Mi: ni mires a la derecha ni a la izquierda. Yo necesariamente debo ser tu enfoque completo. Viene la hora en que los hombres no soportarán la Verdad, pues sólo quieren, lo que sus corazones malvados quieren escuchar. Mi enemigo reina en el terror por todo el país, y sólo hay una dirección para buscar la seguridad: hacia Mi, tu SEÑOR y SALVADOR. No hay otra respuesta. Busca Mi Rostro mientras pueda ser encontrado. Tienes un tiempo limitado para hacer tu elección. Te encuentre, Yo despierto en Mi Venida. Mi novia es de ojos brillantes y está pendiente de su novio, su Señor.

Prepárate. Prepárate. Límpiate a ti mismo mirando para arriba en Mi Sangre. Es una hora grave cuando el mundo se vuelve a rechazar a su DIOS. Que No te agarre desprevenido. Despierta a la Verdad, Mi Verdad. Está disponible a través de las páginas de Mi Libro.

"YO SOY" ha dicho la Verdad,

Búscame en todos tus caminos,

Prepárate para Mi regreso.

APOYOS BIBLICOS:

2 TIMOTEO 3:16: Toda la Escritura es inspirada por Dios, y útil para enseñar, para redargüir, para corregir, para instruir en justicia,

SALMOS 119:72: Mejor me es la ley de tu boca Que millares de oro y plata.

SALMOS 119:127: Por eso he amado tus mandamientos Más que el oro, y más que oro muy puro.

JOB 33:4: El Espíritu de Dios me hizo, Y el soplo del Omnipotente me dio vida.

MATEO 19:29: Y cualquiera que haya dejado casas, o hermanos, o hermanas, o padre, o madre, o mujer, o hijos, o tierras, por mi nombre, recibirá cien veces más, y heredará la vida eterna.

MATEO 24:12: y por haberse multiplicado la maldad, el amor de muchos se enfriará.

OSEAS 4:6: Mi pueblo fue destruido, porque le faltó conocimiento. Por cuanto desechaste el conocimiento, yo te echaré del sacerdocio; y porque olvidaste la ley de tu Dios, también yo me olvidaré de tus hijos.

SALMOs 112:7: No tendrá temor de malas noticias; Su corazón está firme, confiado en Jehová.

MARCOS 7:9: Les decía también: Bien invalidáis el mandamiento de Dios para guardar vuestra tradición.

HEBREOS 10:38: Mas el justo vivirá por fe; Y si retrocediere, no agradará a mi alma.

SALMOS 40:3: Puso luego en mi boca cántico nuevo, alabanza a nuestro Dios. Verán esto muchos, y temerán, Y confiarán en Jehová.

CUANDO RECHAZAS MI ESPÍRITU Y SU LLAMADO EN TU VIDA, PUEDES PONER EN PELIGRO TU ALMA.

El Señor dio estas Palabras a Susan, el 18 de julio del 2012.

HIJA, TE HABLARÉ PALABRAS, ESCRIBIRLAS:

Hijos, Soy Yo, el Señor:

Yo Soy el Gran "YO SOY" no hay otro como Yo, Yo Soy el Principio y el Fin, Yo Soy la ESTRELLA Resplandeciente de la mañana.

El mundo está en problemas. Mis hijos, se tambalean, se desvanecen. Muchos no lo ven. Muchos más están empezando a ver los cambios que se avecinan con Grandes cambios. Los hombres están participando en actos de maldad: hombres corriendo lejos de DIOS. Así que pocos ven la Verdad, muy pocos estarán listos cuando llegue: sólo aquellos que realmente están mirando.

Los demás que se creen que estan listos, se quedan cortos, y ellos serán cortados cuando MI enemigo vuelva a su posición de dominio sobre este mundo malo. Él gobierna los corazones de los hombres malvados que se ejecutan fuera de Dios.

Los hombres cubren la tierra, que están fuera de Mi voluntad: hombres que creen ser Mis seguidores, pero ni comprenden ni entienden MI Verdad. Sus labios mienten y distorsionan Mi Verdad en todo momento.

Convierten MI Verdad en herejías y mentiras para librarse de su culpa, siguiendo después las cosas del mundo. El mundo los quiere, por lo cual, deben alterar Mi Verdad con el fin de colaborar con Mi enemigo.

Oscuros días por delante habrá para aquellos que piensan que pueden tener este mundo y a Mi Unido al mismo tiempo. Sus corazones laten rápido por el mundo y recurren a manejar Mi Verdad. Los dos no se pueden mezclar. No debes participar en este mal. Da vuelta a tu vida y ven hacia MÍ. Hazme tu Señor y Maestro. Voy a alejarte del mundo y llevarte a la energía de Mi Espíritu que cambia la vida. Tu no puedes realizar este cambio, lejos de Dios: Mi Espíritu; Mi Poder; Mi Voluntad para tu vida, y Mi Cubierta de la Sangre.

No hay poder en la carne. Muchos tratan de operar en la carne y ellos se quedan cortos, más frustrados que cuando comenzaron. Hay una razón para esto: el pecado no puede ser conquistado en la carne apartado de la mano sanadora de Dios: sólo por Mi Poder se puede hacer lo que Yo puedo hacer por tu vida.

Lo único que puedes hacer es venir a Mí con un espíritu quebrantado, humilde y hambriento de Mi Salvación y Liberación. Entonces, y sólo entonces, al orar con un corazón de humildad, quebrantado, arrepentido de tu vida de pecado, puedo intervenir y asumir Mi papel como tu Eterno Compañero, Salvador y Libertador.

Los que vienen a Mí con orgullo, incredulidad, falta de fe, no escuchan Mi mensaje y llegan a estar en peligro de blasfemar contra Mi Espíritu. Cuando rechazas Mi Espíritu y tu llamado en tu vida pones en peligro tu alma. Es mi Espíritu que llega a Mi Salvación y la Sangre que cubre, sin la cual, no se puede estar delante de NOSOTROS. Tu actos de traición, rebelión, mientras que estuviste en tu cuerpo mortal, te juzgarán, serás juzgado y serás separado de Dios: tu culpabilidad y tu castigo será un eterno infierno, separado de toda Mi Gloria. Esta es una grave hora. Decisiones graves deben hacerse. ¿Persistirás en el rechazo de Mi Espíritu que te está llamando a Mi Sangre comprada para La salvación?

Cada día se acerca más la posibilidad de perder tu última oportunidad para hacer las cosas bien con tu Dios, una vez que pases ese punto, tu pérdida será eterna.

No te arriesgues a perder tu salvación y tu lugar en MI Reino. Demasiados han estado antes en esta posición y ahora tienen remordimientos eternos. Tu decides. ¿Vienes conmigo cuando rescate a Mi novia o te vas a quedar para hacer frente a Mi enemigo, o peor: morir en la destrucción repentina? El tiempo se está yendo. ¿Qué es más importante que tu alma eterna? Cuando nos encontremos cara a cara, o bien te darás cuenta de las bendiciones de seguirme o te darás cuenta del terror de ser enviado lejos de Mi, POR LA ETERNIDAD.

MIS PALABRAS SON VERDAD.

LA VERDAD HA HABLADO.

APOYOS BIBLICOS:

APOCALIPSIS 22:16: Yo Jesús he enviado mi ángel para daros testimonio de estas cosas en las iglesias. Yo soy la raíz y el linaje de David, la estrella resplandeciente de la mañana.

PROVERBIOS 26:11: Como perro que vuelve a su vómito, Así es el necio que repite su necedad.

2 PEDRO 2:22: Pero les ha acontecido lo del verdadero proverbio: El perro vuelve a su vómito, y la puerca lavada a revolcarse en el cieno.

MARCOS 3:29: pero cualquiera que blasfeme contra el Espíritu Santo, no tiene jamás perdón, sino que es reo de juicio eterno.

1 JUAN 5:6: Éste es Jesucristo, que vino mediante agua y sangre; no mediante agua solamente, sino mediante agua y sangre. Y el Espíritu es el que da testimonio; porque el Espíritu es la verdad.

JUAN 6:44: Ninguno puede venir a mí, si el Padre que me envió no le trajere; y yo le resucitaré en el día postrero.

ROMANOS 8:5: Porque los que son de la carne piensan en las cosas de la carne; pero los que son del Espíritu, en las cosas del Espíritu.

1 TESALONICENSES 5:3: que cuando digan: Paz y seguridad, entonces vendrá sobre ellos destrucción repentina, como los dolores a la mujer encinta, y no escaparán.

15. QUÍTATE LAS VENDAS Y ABRE TUS OJOS.

El Señor dio estas Palabras a Susan, el 19 de julio del 2012.

PALABRAS DEL SEÑOR:

ESTÁS FASCINADO POR EL MUNDO Y TODAS SUS FALSAS ESPERANZAS.

HIJA, ES EL MOMENTO DE EMPEZAR DE NUEVO:

Mis hijos: tu Dios te conoce. Sé todo de Mis hijos. Sé cada detalle de tu vida. Conozco cuando sufres. Yo sé lo que te hace feliz. Sé cuando te levantas y cuando te acuestas en la noche. Todo lo consiguen por Mí, hijos.

Todo es visto por Mí, Dios. Yo Soy un DIOS que es desde la eternidad y hasta la eternidad. Mi Presencia está siempre cerca. Mi espacio ocupa todo. Yo Soy que todo lo consume. No hay forma de alejarse de Dios, aunque los hombres lo intentan, nada se oculta a Mi vista. Yo sé lo que hace que los hombres piensen y cuál es su forma de pensar. Yo sé lo que los hombres harán, antes de hacerlo. TODO es conocido por Mí: no hay secretos para Dios.

Ven a Mí en esta última, gran hora. Yo sé quien es Mío. Sé a quién Llamo. Sé quién va a responder a Mis llamadas. Sé quien no va a responder y que rechazara a su DIOS. Sé quién está destinado al infierno y quien al cielo. Todo esto es conocido por Mi. Yo sé quiénes son Mis hijos consolidados, son Mi novia eterna.

Ella es hermosa en todas sus formas, porque posee MI ESPÍRITU. Ella ha puesto su vida ante Mí, Me ha dado todo y hemos tomado la residencia en su espíritu, Mi ESPIRITU mora por completo en ella.

Ella camina como Yo la quiero ver caminando, en Mi voluntad. Ella es Mi dulce novia, la luz que queda en este mundo oscuro.

Se, uno de los escogidos. He elegido a Mi pueblo desde la fundación de la tierra. Esta es MI novia elegida.

Tu puedes estar en sus zapatos: asume tu lugar Conmigo por la eternidad, para gobernar y reinar con DIOS.

¿Tienes Mi Palabra y no la hablas?

Yo hablo y Mi palabra no cambia. No te pierdas esta hora que está viniendo por MI hermosa novia para asumir su cargo conmigo en la eternidad cuando la ponga a mi lado. El Lamento será grande para los abandonados y perdidos después de que Mi novia salga conmigo, los que fueron salvados de la ira que se repartirá en la tierra.

Escucha estas palabras niños: todo está cambiando, el mundo está convirtiéndose en un lugar duro para vivir. La verdad es cada vez menor. Hombres malvados junto con Mi enemigo están bloqueando Mi Verdad y por lo tanto la oscuridad está gobernando. ¿No ves tú esto? ¿No puedes ver la oscuridad que viene sobre la tierra?

Quítate las vendas y abre los ojos. Estás hipnotizado por el mundo y todas sus falsas esperanzas. Tu crees que hay una larga vida por delante, pero este es un plan del enemigo para evitar la Verdad, para evitar que te prepares: lavándote a ti mismo en Mi sangre y en Mi Palabra de limpieza, en Mi Verdad. Este plan de engaño fue ideado por Mi enemigo hace mucho tiempo. No caigas en su trampa para ti.

Despierta a Mi Verdad. Salte tu mismo fuera de este sueño y llega a un acuerdo con lo que está sucediendo a tu alrededor. Prepárate para MI ¡Ya voy!

No quiero que te quedes detrás del mal que está en la puerta.

Entiérrate en Mi Palabra. Profundiza, encuentra la Verdad, busca la Verdad. ¡Es de allí que debes tomar, para pedir! MI luz está disponible. Pide ser lleno con Mi Espíritu, iluminado por su Verdad. Déjame llenar tu corazón, que te hace estar listo.

¡Pregúntenme, hijos! ¡Pregunta! ¡No te pierdas Mi Gloria venidera!

YO SOY LA GLORIA QUE VIENE.

APOYOS BIBLICOS:

ECLESIASTÉS 12:14: Porque Dios traerá toda obra a juicio, juntamente con toda cosa encubierta, sea buena o sea mala.

JEREMÍAS 23:23-24: ¿Soy yo Dios de cerca solamente, dice Jehová, y no Dios desde muy lejos? ¿Se ocultará alguno, dice Jehová, en escondrijos que yo no lo vea? ¿No lleno yo, dice Jehová, el cielo y la tierra?

1 JUAN 4:13: En esto conocemos que permanecemos en él, y él en nosotros, en que nos ha dado de su Espíritu.

MATEO 22:14: Porque muchos son llamados, y pocos escogidos.

JUAN 15:16: No me elegisteis vosotros a mí, sino que yo os elegí a vosotros, y os he puesto para que vayáis y llevéis fruto, y vuestro fruto permanezca; para que todo lo que pidiereis al Padre en mi nombre, él os lo dé.

2 TESALONICENSES 2:13: Pero nosotros debemos dar siempre gracias a Dios respecto a vosotros, hermanos amados por el Señor, de que Dios os haya escogido desde el principio para salvación, mediante la santificación por el Espíritu y la fe en la verdad,

APOCALIPSIS 17:14: Pelearán contra el Cordero, y el Cordero los vencerá, porque él es Señor de señores y Rey de reyes; y los que están con él son llamados y elegidos y fieles.

1 CORINTIOS 3:18-19: Nadie se engañe a sí mismo; si alguno entre vosotros se cree sabio en este siglo, hágase ignorante, para que llegue a ser sabio. Porque la sabiduría de este mundo es insensatez para con Dios; pues escrito está: El prende a los sabios en la astucia de ellos.

2 TIMOTEO 2:10: Por tanto, todo lo soporto por amor de los escogidos, para que ellos también obtengan la salvación que es en Cristo Jesús con gloria eterna.

2 TESALONICENSES 2:12: a fin de que sean condenados todos los que no creyeron a la verdad, sino que se complacieron en la injusticia.

LA FE CIEGA CAUSA QUE MI ENEMIGO TIEMBLE.

Miércoles, 8 de agosto del 2012 .

Las palabras del Señor para hoy (Publicados en www.End-Times-Prophecy.Com)

QUERIDOS FIELES SEGUIDORES DE CRISTO:

MATEO 7:22-23: Muchos me dirán en aquel día: Señor, Señor, ¿no profetizamos en tu nombre, y en tu nombre echamos fuera demonios, y en tu nombre hicimos muchos milagros? Y entonces les declararé: Nunca os conocí; apartaos de mí, hacedores de maldad.

En este grupo, el Señor está haciendo referencia a actividades, en Mateo 7:22-23, donde está involucrado el Espíritu de profecía, echar fuera demonios, y hacer milagros. ¿Podrían ser estos, las cinco vírgenes con la mitad de sus lámparas llenas, quizá algunos de ALCOHOL pero no de todo el aceite, por lo cual son rechazados por Jehová? Tienen un poco de aceite, ya que no puede hacer estas cosas que aparece en este pasaje, sin el Espíritu Santo, pero no fue suficiente porque fueron rechazados por Cristo en definitiva. Pero la clave de este verso es cuando el Señor dice: "Nunca os conocí", a las personas que estaban ordenadas a salir, serán rechazadas.

Dios no sólo quiere nuestros intentos baratos para impresionarlo, ÉL quiere "conocernos" a nosotros. ¿Cómo se puede conocer a Dios? Lee tu biblia, ora (habla con Dios), llega a conocerlo pasando tiempo con Él.

Entonces, cuando el Señor regrese ¿te reconocerá? y tu ¿no serás un extraño para Él?

16. ELLOS IMAGINAN, UN DIOS SEGÚN SU PROPIA MENTE.

El Señor dio estas Palabras a Susan, el 3 de agosto del 2012.

PALABRAS DEL SEÑOR:

UN CULTO DE MEMORIA Y ADORACION MUERTA, NO ME IMPRESIONA.

HIJA MÍO, SOY YO, TU SEÑOR. PODEMOS EMPEZAR:

Hijos, este es tu Dios hablando. Tengo palabras para ti, pocos están escuchando, así que pocos quieren oírme. Es como dijo Mi Palabra que sería, al igual que el tiempo de Noé.

Se acerca el día de Mi regreso. Estoy buscando una novia atenta. Para aquel que anhela Mi Aparición, Mi Palabra es clara y no cambia.

Para aquellos que beben de las aguas tibias, habrá mucha tristeza. No serán llevados cuando venga por MI novia. Ella se distingue del resto, porque anhela el regreso de su Esposo.

Esta es la iglesia que venera y ama a su Dios de todo corazón y sin reservas, que abarca todas Mis Verdades, Mi Palabra, Mis Caminos. Todos los otros buscan un dios que se ajuste a sus propios criterios, que satisface sus deseos por el mundo para que puedan tocar y manejar los caminos del mundo.

Ellos creen que Me conocen, pero diseñan un dios en su propia mente que quieren adorar, pero no es el Único y Verdadero Dios Viviente, es un dios que han construido para satisfacer sus necesidades egoístas y es un ídolo, un dios que es imaginario, un dios que les permite amar al mundo y sus malos caminos. Esta es Mi iglesia tibia, el agua estancada: tibia en todas sus formas, un hedor, hedor y una falta hacia a Mi. Ella se quedará de pie ante el altar cuando venga por Mi verdadera novia.

Hijos, consideren sus opciones y las decisiones que toman. ¿Estarán ustedes saliendo conmigo para ir a un hogar eterno o van a seguir tomándome a la ligera y quedarse? Ustedes abrazan un moribundo mundo. Se está muriendo pero esto es lo que deben elegir: AL VERDADERO DIOS, Eternal Alfa y Omega. Tus sentidos se han insensibilizado a la Verdad: no puedes oírla, verla, olerla o probarla. Tu, eres sordo, mudo y ciego a la Justicia, Santidad, y a Mis caminos eternos. Tu has renunciado a la belleza por las cenizas. Cenizas deseas, y cenizas tendrás, porque pronto este mundo se convertirá en cenizas y será demasiado tarde para Mi iglesia tibia volver a la belleza, porque ya Me habré marchado con Mi Única y Verdadera novia, Mi Iglesia: humildes seguidores que siguen a su DIOS con fe ciega y ferviente amor, con sus deseos solo para Mí y Mis caminos.

Tibia iglesia: el tiempo se acaba para ti. Tu adoración de memoria y muerta no me impresiona. Tu falta de arrepentimiento y remordimiento sobre el pecado Me muestra el lugar en que Me tienes en tu corazón.

Cuando Yo esté en primer lugar en tu vida, entonces y sólo entonces, tu lámpara de aceite estará llena. ¿No aparece esto en Mi Palabra? Oh, iglesia tibia: la iglesia que tiene ojos para todos, menos para Mi, despierta antes de que sea demasiado tarde. Abre los ojos ciegos; detente de hacer sordos tus oídos antes de que llegue el final. ¡Tu tendrás una eternidad para lamentar estos momentos, si no te presentas de nuevo a Mí!

LLAMA ETERNA DEL CIELO.

APOYOS BIBLICOS:

LUCAS 17:26-30: Como fue en los días de Noé, así también será en los días del Hijo del Hombre. Comían, bebían, se casaban y se daban en casamiento, hasta el día en que entró Noé en el arca, y vino el diluvio y los destruyó a todos. Asimismo como sucedió en los días de Lot; comían, bebían, compraban, vendían, plantaban, edificaban; mas el día en que Lot salió de Sodoma, llovió del cielo fuego y azufre, y los destruyó a todos. Así será el día en que el Hijo del Hombre se manifieste.

2 TIMOTEO 4:8: Por lo demás, me está guardada la corona de justicia, la cual me dará el Señor, juez justo, en aquel día; y no sólo a mí, sino también a todos los que aman su venida.

JUAN 4:24: Dios es Espíritu; y los que le adoran, en espíritu y en verdad es necesario que adoren.

ROMANOS 1:25: ya que cambiaron la verdad de Dios por la mentira, honrando y dando culto a las criaturas antes que al Creador, el cual es bendito por los siglos. Amén.

APOCALIPSIS 3:16: Pero por cuanto eres tibio, y no frío ni caliente, te vomitaré de mi boca.

APOCALIPSIS 3:18: Por tanto, yo te aconsejo que de mí compres oro refinado en fuego, para que seas rico, y vestiduras blancas para vestirte, y que no se descubra la vergüenza de tu desnudez; y unge tus ojos con colirio, para que veas.

ISAÍAS 61:3: a ordenar que a los afligidos de Sion se les dé gloria en lugar de ceniza, óleo de gozo en lugar de luto, manto de alegría en lugar del espíritu angustiado; y serán llamados árboles de justicia, plantío de Jehová, para gloria suya.

17. MUY POCOS ESTÁN OBSERVANDO O ESPERANDO EN MÍ.

El Señor dio estas Palabras a Susan, el 4 de agosto del 2012.

LAS PALABRAS DEL SEÑOR:

SÓLO MI SANGRE PUEDE ESTABLECERTE COMO UN HOMBRE LIBRE.

TE DARÉ PALABRAS AHORA SUSAN:

Pronto hijos, pronto Mi venida se acerca. Muy pocos están viendo o esperando por Mí con anhelo ardiente. Mi pueblo no puede quitar los ojos del mundo y su lujuria por el mundo los consume. Esto es más importante que su DIOS. Ellos no pueden negociar su tiempo con el mundo y al mismo tiempo, con su CREADOR, el que les da la vida todos los días.

Yo, Dios, vengo por los que Me conocen, que pasan el tiempo conociendo a su DIOS. Esta es, la que estoy dispuesto a llevar a Mi lado. Ella es Mi novia: los que siguen a su DIOS con todo el deseo de sus corazones. A estos son los que yo les he preparado un hogar eterno, los que yo traeré conmigo cuando valla a recogerlos.

¿Vienes? ¿Quieres ser uno de estos hijos especiales, la novia eterna? Tu puedes ser parte de ella. Te invito a salir del mundo, y que te apartes para MI, Tu Rey.

No es demasiado tarde, ven ahora delante de Mí en entrega total, con profundo remordimiento por tus pecados pasados. Puedo limpiarte en Mi Sangre, limpiarte las manchas viejas. Mío es hacerlo, nadie más puede cancelar tu deuda, tu deuda de pecado a

Dios. Sólo Yo puedo borrar tus errores del pasado con la Sangre que derramé en una Cruz cruel.

Este era Mi trabajo, Mi logro de triunfar sobre el mal y mantener a la humanidad. Este es Mi regalo a la humanidad: la libertad de la eterna opresión y castigo. Ser liberado de las cadenas del pecado que están unidas a ti. Ven a Mí en humilde sumisión. Déjame ver en tu corazón si quieres que Yo sea tu Señor y Maestro. No hay otro camino seguro hacia la libertad. Sólo Mi Sangre puede establecerte como un hombre libre.

Estoy a la espera, pero el tiempo es corto. Así que gira y haz las cosas bien con tu Dios para que te limpie tu camino para que te vayas Conmigo. ¿No he separado los mares de Mi gente? ¿No he proporcionado una manera para Mi siervo en el arca? ¿Acaso no he establecido Mi propia vida en humilde entrega en una Cruz cruel? Esto lo hice, para que pudieras tener eterna vida y vida en abundancia.

La hora es ahora para elegir. Elige a tu Dios, que murió por ti.

No hay nada más grande que la intimidad con Dios. Aunque tu buscas, en la búsqueda, no te das cuenta de que lo que te ofrezco. Descubre esta verdad antes de que sea demasiado tarde.

Sacúdete y libérate del mal, de la tiranía del pecado. MI Venida se está acercando.

Eterno Señor y Maestro.

APOYOS BIBLICOS:

1 JUAN 2:16: Porque todo lo que hay en el mundo, los deseos de la carne, los deseos de los ojos, y la vanagloria de la vida, no proviene del Padre, sino del mundo.

GÉNESIS 2:7: Entonces Jehová Dios formó al hombre del polvo de la tierra, y sopló en su nariz aliento de vida, y fue el hombre un ser viviente.

MATEO 22:1-5: Respondiendo Jesús, les volvió a hablar en parábolas, diciendo: El reino de los cielos es semejante a un rey que hizo fiesta de bodas a su hijo; y envió a sus siervos a llamar a los convidados a las bodas; mas éstos no quisieron venir. Volvió a enviar otros siervos, diciendo: Decid a los convidados: He aquí, he preparado mi comida; mis toros y animales engordados han sido muertos, y todo está dispuesto; venid a las bodas. Mas ellos, sin hacer caso, se fueron, uno a su labranza, y otro a sus negocios;

EFESIOS 5:27: a fin de presentársela a sí mismo, una iglesia gloriosa, que no tuviese mancha ni arruga ni cosa semejante, sino que fuese santa y sin mancha.

ROMANOS 8:12: Así que, hermanos, deudores somos, no a la carne, para que vivamos conforme a la carne;

ROMANOS 5:18: Así que, como por la transgresión de uno vino la condenación a todos los hombres, de la misma manera por la justicia de uno vino a todos los hombres la justificación de vida.

ENTREGATE DE TODO CORAZÓN Y VUELVETE HACIA MÍ CON UNA FE CIEGA.

PALABRAS DEL SEÑOR:

LA FE CIEGA HACE QUE MI ENEMIGO TIEMBLE.

La gente quería que añadiera las notas de los oradores de nuestra reciente Conferencia de las Profecías de los tiempos Finales. Recibí este mensaje de Jehová para los asistentes de la reciente Conferencia de las Profecías de los tiempos Finales, celebrada del 27 al 28 de julio del 2012, y también quiero compartirlas ahora con los demás.

El Señor me dijo las palabras que quería destacar en la conferencia y fueron: "fe ciega".

Dios te bendiga, Susan Mi venida está cerca, incluso en la puerta. Tienen que prepararse a sí mismos.

Lávate en Mi Sangre. Está atento, se un observador de lo que dicen otros.

Adviérteles sobre el chip. Es necesario que haya arrepentimiento. Concéntrense en Mi. No hay respuestas en ninguna otra parte. Todas las puertas que conducen a la Verdad se están cerrando. Sólo una puerta permanece, camina a través de esta, antes de que sea demasiado tarde. Ven a Mí para la llenura del Espíritu.

Ven sin retraso ahora.

El retraso puede ponerte en peligro para una pérdida total. Déjame revisar tu corazón. Hazte limpio por el lavamiento de la Palabra. No hay otras soluciones. Yo Soy el camino recto. Yo Soy la Luz, la Verdad.

La fe ciega es la única manera de caminar con Dios, entrega todo de corazón y vuélvete hacia Mí con Fe Ciega. Opera en la Fe Ciega y se moverán montañas. Vas a volar en los cielos y a volar en alas como águilas, te Elevarás a nuevas alturas.

La fe ciega hace que Mi enemigo tiemble. "ciego" porque vienes a Mí a ciegas sin saber cuál será el resultado de tu Fe:

"Fe" con la esperanza de que tu esperada búsqueda de Dios será Su Perfecta Voluntad, perfecta en todos los sentidos. El resultado final de tu Fe Ciega será el resultado de estar a la derecha hacia la salvación de tu alma y con un testimonio para que otros puedan buscar a Dios con Fe Ciega.

Se acerca el fin de la novia en la tierra. Hay una nueva experiencia que le espera en MIS Celestiales. Ella va a volar Conmigo y nuestro amor será por la eternidad, un amor que es eterno.

Pon tu corazón en Mis manos. Yo Soy capaz. Tu serás conservado del mal que viene.

ISAÍAS 40:31: pero los que esperan a Jehová tendrán nuevas fuerzas; levantarán alas como las águilas; correrán, y no se cansarán; caminarán, y no se fatigarán.

YO SOY EL GRAN HA MASHIACH.

YO ESTOY A PUNTO DE SACUDIR A LOS LIBERALES QUE SE NIEGAN A MI TOQUE.

MIÉRCOLES, 15 DE AGOSTO DEL 2012.

QUERIDOS FIELES SEGUIDORES DE CRISTO:

TU DICES: NO TE PREOCUPES POR ESO, ESTOY LISTO PARA CUANDO ÉL VENGA.

Una y otra vez, cuando intento advertir a los cristianos que el Señor viene muy pronto, para muchos, la respuesta más fácil es: Yo no me preocupo por eso, yo estoy listo para cuando Él venga.

Aunque muchos cristianos creen que este mundo es un buen lugar para estar, dicen estar "Siempre listos" con escaso interés en el tema, pero se trata en realidad, de un lugar muy peligroso para estar. El Señor dice que el único lugar seguro es estar completamente entregado a Dios. Bueno, si tú estás totalmente entregado a Dios, entonces tu estarías en Su Perfecta Voluntad. Y, si es así, de hecho, si estás en la Voluntad de Dios, estarías AGRESIVAMENTE VIENDO Y ANHELANDO SU REGRESO. Tu espíritu debe estar en estado de alerta si te encuentras en la Perfecta Voluntad de Dios, porque Este es el Verdadero Espíritu de Dios, un Espíritu de observación ansiosa, deseando, esperando el regreso del Señor.

Recuerda la breve pero poderosa Escritura en Lucas 17:32: ¿Acordaos de la mujer de Lot? Muchos se centran en este mundo por sus respuestas, como la mujer de Lot y sin volver a mirar (ni buscar) al Señor.

DIOS presenta los signos de la Biblia para observar y luego dice en Mateo 24:33-34:

MATEO 24:33-34: Así también vosotros, cuando veáis todas estas cosas, conoced que está cerca, a las puertas. De cierto os digo, que no pasará esta generación hasta que todo esto acontezca.

La escritura es extraordinariamente clara y dice que hay una corona de justicia para LOS QUE AMAN SU VENIDA y Bienaventurado el que vela y guarda sus ropas. Esta es la Perfecta Voluntad de Dios de ver, todo el tiempo, de tener nuestras prendas limpias, y cualquier otra posición de apatía hacia el regreso de nuestro Señor NO es ABSOLUTAMENTE DE LA VOLUNTAD PERFECTA DE DIOS. Si tu corazón no está en eso, se está convirtiendo a esta dirección y no siente un tirón sincero de ver a Jehová, entonces tu necesitas hacer una evaluación seria de tu posición espiritual con Dios, y es necesario que te hagas la pregunta si tu estás en el buen camino (el camino muy estrecho que pocos encuentran) o si estás siguiendo un camino que va en contra de la voluntad de Dios y que te conduce al camino ancho.

APOYOS BIBLICOS:

2 TIMOTEO 4:8: Por lo demás, me está guardada la corona de justicia, la cual me dará el Señor, juez justo, en aquel día; y no sólo a mí, sino también a todos los que aman su venida.

MARCOS 13:33-37: Mirad, velad y orad; porque no sabéis cuándo será el tiempo. Es como el hombre que yéndose lejos, dejó su casa, y dio autoridad a sus siervos, y a cada uno su obra, y al portero mandó que velase. Velad, pues, porque no sabéis cuándo vendrá el señor de la casa; si al anochecer, o a la medianoche, o al canto del gallo, o a la mañana; para que cuando venga de repente, no os halle durmiendo. Y lo que a vosotros digo, a todos lo digo: Velad.

APOCALIPSIS 3:3: Acuérdate, pues, de lo que has recibido y oído; y guárdalo, y arrepiéntete. Pues si no velas, vendré sobre ti como ladrón, y no sabrás a qué hora vendré sobre ti.

APOCALIPSIS 16:15: He aquí, yo vengo como ladrón. Bienaventurado el que vela, y guarda sus ropas, para que no ande desnudo, y vean su vergüenza.

MATEO 7:14: porque estrecha es la puerta, y angosto el camino que lleva a la vida, y pocos son los que la hallan.

1 PEDRO 4:18: Y: Si el justo con dificultad se salva, ¿En dónde aparecerá el impío y el pecador?

LA VERDAD NO SE ENCUENTRA EN OTROS LUGARES, PERO SI CONMIGO.

El Señor dio estas Palabras a Susan, el 9 de agosto de 2012.

ES UNA ABOMINACIÓN INCLUIRME ENTRE TUS ACTIVIDADES TERRENALES, COMO SI FUERA SÓLO OTRO DIOS MENOR.

SUSAN, SÍ TE DARÉ PALABRAS:

La hora se acerca para MI regreso. Viene cerca. Mis hijos, quiero que empieces haciendo mayor hincapié en tu Dios y como Mi enemigo se arrastra en busca de quien se pueda arrebatar, en busca de aquel a quien pueda dificultarle la vida y que se pueda contaminar. Es horrible y no se detendrá ante nada para provocar y hacerle daño a Mis hijos, a los que he elegido y llamado para el trabajo especial en el Reino, Mi Reino en la tierra. Este es su gozo: derribar a Mis hijos, para apartarlos de la Verdad que los hace fuertes, Mi Verdad, Mi Seguridad. Debes mantenerte vigilante buscándome, centrándote en Mi, fíjate en no mirar a la derecha ni a la izquierda. Sólo hay desesperación cuando uno se aleja de DIOS al mundo. O sí, hay respuestas en el mundo, pero todas las respuestas son incorrectas y son mentiras que engañan, pero Mi Voluntad, Mi Camino, dirige al camino eterno. No te dejes engañar. No existe una verdad encontrada en ningún lugar, pero si Conmigo, donde toda la Verdad descansa.

Yo tengo la llave a la eternidad. Mi Sangre es la cubierta que te protege de tu condena merecida, que te mantiene puro y santo delante de Mí, para que puedas estar delante de Mi Presencia, Mi Santa Presencia. Sin ella, estarían perdidos, encontrado culpable y castigado por toda la eternidad. Esto es muy grave, Mis hijos. Muy pocos captan la gravedad de esto y lo importante que es llegar a Mi, rendirse, arrepentirse y hacer las cosas bien entre nosotros.

Quiero una entrega completa, No hay otra alternativa. No hay respuestas en ningún otro lugar.

Niños, hay gran tribulación que viene a la tierra. Muchos no lo quieren creer, pero es cierto, no seas tomado por sorpresa. Muchos serán atrapados en la trampa de Mi enemigo sin escapatoria. Esto es lo que está llegando a Mis hijos tibios que optan por no ver a su Jehová, que optan por no hacer caso de Mis advertencias, y leer Mi Libro.

Estos son Mis hijos, que buscan todas las excusas que se van de DIOS hacia los brazos de un mundo en descomposición porque está muerto. Pronto este mundo, disfrazado como un prometedor futuro esperanzador, será expuesto como un mundo oscuro, con un final cruel para aquellos que se quedan para enfrentar lo peor. No seas entre ellos y ven a Mis brazos que están abiertos. Sólo queda un corto tiempo restante para recibir ropas limpias, un corazón puro lleno de Mi Espíritu y buscándome a través de la intimidad.

No puedo estar satisfecho con una relación casual. La Iglesia tibia: son los que creen que pueden estar con el mundo y Conmigo, con los dos a la vez. Es una abominación incluirme entre tus actividades terrenales, como si YO fuera sólo otro dios menor. Si tu manejas lo Santo y luego Me colocas de nuevo en tu estantería, te encontrarás fuera de Mi Reino cuando venga a rescatar a Mi novia.

Procede con cautela. Mi enemigo busca destruirte. Tú no eres rival para él, lejos de Mi mano de protección, de Mi Armadura que te protege. Sólo Yo puedo mantenerte a salvo de los problemas que llegan a la tierra. Gira hacia Mi. Dame tus manos. Deja que te lleve a Mi. El tiempo es la esencia. No te demores.

Dame TU TODO para que Yo te pueda dar MI TODO. Yo cambio la oscuridad en Luz. Déjame derrotar a tus miedos y te llevaré a la plenitud. El tiempo es corto: piensa sabiamente en el uso de tu tiempo. Llénalo con tu DIOS.

YO SOY EL DIOS QUE CONTROLA TODO EL TIEMPO Y EL ESPACIO:

¡YO SOY LA LUZ ETERNA!

APOYOS BIBLICOS:

1 PEDRO 5:8: Sed sobrios, y velad; porque vuestro adversario el diablo, como león rugiente, anda alrededor buscando a quien devorar;

MATEO 22:14: Porque muchos son llamados, y pocos escogidos.

HEBREOS 9:12: y no por sangre de machos cabríos ni de becerros, sino por su propia sangre, entró una vez para siempre en el Lugar Santísimo, habiendo obtenido eterna redención.

MATEO 24:21: porque habrá entonces gran tribulación, cual no la ha habido desde el principio del mundo hasta ahora, ni la habrá.

ÉXODO 20:3: No tendrás dioses ajenos delante de mí.

EFESIOS 6:11: Vestíos de toda la armadura de Dios, para que podáis estar firmes contra las asechanzas del diablo.

ROMANOS 13:12: La noche está avanzada, y se acerca el día. Desechemos, pues, las obras de las tinieblas, y vistámonos las armas de la luz.

ESTOY A PUNTO DE SACUDIR A LOS LIBERALES

QUE SE NIEGAN A VENIR A MÍ.

El Señor dio estas Palabras a Susan, el 10 de agosto del 2012

HIJA, ESCUCHA LAS PALABRAS QUE TE DOY:

HIJOS DEL DIOS ALTÍSIMO, ESCÚCHENME, ESTE ES TU PADRE QUE HABLA: LLENO DE AMOR Y COMPASIÓN, AMOR ETERNO.

Estoy dispuesto a quitar a Mi novia y traerla a casa para el amor, la paz, y la risa que le espera. Hijos, esto se acerca rápidamente y sólo unos pocos están prestando atención: Mi novia leal, que no se deja seducir por este mundo malo. Ella no está atrapada, ni hipnotizada por el mundo en el que Mis hijos se están convirtiendo ahora, en vez de convertirse a Mí, su Dios.

Inútil: es este mundo y sus formas y lo que ofrece a Mis hijos. Es un mundo de vanidad, pero aún así, Mis hijos perdidos se aferran a este y jadean vacíos en actividades, sobre la base de una vida en un futuro que no existe, un futuro que han creado en su propia mente, un futuro que está lejos de la realidad, porque hay poco por delante.

Ellos creen que el mundo será más de lo mismo de lo que ya es, pero la composición del mundo está a punto de cambiar dramáticamente y pronto el mundo no tendrá el mismo aspecto y este mundo será muy distinto del mundo que ha existido. Incluso ahora, Mi enemigo se está haciendo cargo de todos los aspectos de la vida como la han conocido y alterará su aspecto por lo que vendrá en breve.

Su mundo está a punto de volcarse, Mis hijos. El Único lugar seguro está colocando los pies firmemente plantados en LA ROCA (CRISTO), todo otro motivo es arena movediza.

Mis niños, saben de lo que hablo. No sean hallados dormidos cuando venga. Despierta, está alerta, céntrate en Mi. No más desvíos, sólo mantén los ojos en Mí. Estoy listo para librar a Mi novia a un lugar seguro y no debes alejarte de Mí y de Mis Planes. Yo, Dios, voy a hacer lo que te digo.

Este mundo necesita una sacudida espiritual, pero por desgracia la sacudida vendrá por la izquierda, por detrás, donde se encuentra la iglesia tibia, que muy pronto se agitará en su núcleo por el choque que experimentará por haber sido dejada, por negarse a seguirme de cerca a Mí, su Dios. Este es el castigo que viene por tener una relación suelta Conmigo y no agarrándose a Mi con fuerza. Yo estoy a punto de sacudir a los liberales que se niegan a adherirse a Mí y a Mi lugar, sino que se sujetan al mundo.

Pronto los que sostienen al mundo con demasiada fuerza conocerán los resultados de sus elecciones cuando los deje atrás y tome a Mi verdadera Iglesia y la lleve a la seguridad. Este es Mi plan y nadie Me puede detener en la realización de lo que he predicho.

Prepárate Mi Iglesia, Mi elegida. La hora se acerca para tu rescate. Lo He dicho y lo haré y Mi Palabra es Verdad. Hazte estar listo. Gira a Mi. Lava tus túnicas en Mi Sangre. Entrégate y arrepiéntete. Voy a hacer un gran trabajo en tu vida si tu acabas de establecerte a Mis pies. Este es Mi deseo.

¡Vamos, vamos! ¡Ahora es el momento! Hijos, la puerta no se volverá a abrir una vez que se cierre. Elíjeme a Mí.

ESTE ES TU SEÑOR Y SALVADOR.

APOYOS BIBLICOS:

LUCAS 6:46-49: ¿Por qué me llamáis, Señor, Señor, y no hacéis lo que yo digo? Todo aquel que viene a mí, y oye mis palabras y las hace, os indicaré a quién es semejante. Semejante es al hombre que al edificar una casa, cavó y ahondó y puso el fundamento sobre la roca; y cuando vino una inundación, el río dio con ímpetu contra aquella casa, pero no la pudo mover, porque estaba fundada sobre la roca. Mas el que oyó y no hizo, semejante es al hombre que edificó su casa sobre tierra, sin fundamento; contra la cual el río dio con ímpetu, y luego cayó, y fue grande la ruina de aquella casa.

SALMO 112:7: No tendrá temor de malas noticias; Su corazón está firme, confiado en Jehová.

APOCALIPSIS 3:15-16: ¡Ojalá fueses frío o caliente! Pero por cuanto eres tibio, y no frío ni caliente, te vomitaré de mi boca.

MATEO 25:10: Pero mientras ellas iban a comprar, vino el esposo; y las que estaban preparadas entraron con él a las bodas; y se cerró la puerta.

18. NO PIERDAS OTRO MOMENTO FUERA DE MI PRECIOSA VOLUNTAD.

El Señor dio estas Palabras a Susan, el 16 de agosto del 2012.

LAS PALABRAS DEL SEÑOR:

ESTAS PALABRAS DEBEN SONAR EN TUS OÍDOS: YO SOY VIENE.

LA GENTE PRONTO SE ENVOLVERÁ CON TANTO MAL, QUE NO SABRÁ A DÓNDE ACUDIR EN BUSCA DE RESPUESTAS.

SÍ HIJA, EMPECEMOS:

La marea está cambiando con rapidez. El curso del mal se mueve por la tierra. Se está expandiendo, cada vez mayor, y fluye sobre la tierra como un río de muerte y destrucción. La gente pronto se envolverá con tanto mal, que no sabrá a dónde acudir en busca de respuestas. Yo Soy el ÚNICO CAMINO a la Libertad, a la Paz y a la Vida Eterna. Tengo la clave para la Vida Eterna.

Yo Soy el que sigue planeando la Salvación, Yo Soy la Vida Eterna que conduce al paso seguro hacia Dios y la Libertad, con Mi Eterna Cubierta de Mi Sangre. No hay otra manera de ser guardado. Mi Sacrificio en la Cruz es el don gratuito que te libera de tus cadenas de pecado, para desbloquear las cosas que te unen y te sostienen a la vuelta de tu salvación.

Estoy a la espera para iniciar en ti, un proceso abierto de puerta abierta en todo. No hay nada para disuadir tu caminar, sólo la condición de tu corazón. Tu Me debes colocar por encima de todos tus otros intereses terrenales. No puedo tolerar un segundo lugar.

No: el dinero, la posición, la familia, no puede haber NADA, que esté delante de Mí, en tu corazón.

Yo Soy un DIOS que requiere el primer lugar en tu vida. Todo lo que elijas, todo lo demás, y que esté por encima de tu Dios, te dejará muy decepcionado cuando te encuentres en un reino que está privado de Dios, un reino oscuro que está vacío de amor, de paz, de seguridad, y del bien, sustituido por el terror, el tormento y castigo. Es lo que te espera si llenas tu vida con actividades mundanas y sin La Voluntad de Dios: si tu piensas diferente, entonces estás equivocado, engañado, engañado por Mi enemigo. Él ha engañado a muchos y la mayoría están cegados a la Verdad y serán llevados al cautiverio eterno de MI enemigo. Él se deleita en la destrucción de Mis hijos y los lleva al infierno eterno. Esta es su misión de matar, robar y destruir.

No dejes que te aleje de la Verdad. Arrepiéntete de tus pecados; ven a Mí en remordimiento y entrega.

Coloca todo delante de Mí. Dame tu corazón, alma, mente y fuerza. Llénate con MI SANTO ESPÍRITU y con MI LUZ, la LUZ ETERNA. Tú estás perdiendo un tiempo precioso. No pases otro momento fuera de Mi Voluntad Preciosa. Es Mi voluntad para tu vida. No más conjeturas sobre tu futuro, no más ansiedad por lo que sucederá después. Permíteme darte un futuro y una esperanza. Yo Soy el CAMINO, la VERDAD, y la VIDA. Mi Salvación es completa. Ven, entierra la cabeza en Mi hombro. Déjame limpiar tus lágrimas y angustias. Estoy dispuesto. Soy Grande para salvar. Corre hacia Mis Brazos abiertos. No hay ni un momento que perder. La puerta está abierta. Vuela con el Señor cuando venga por MI novia.

YO SOY EL CORDERO INOCENTE, SALVADOR, MARIDO, EL REY.

APOYOS BIBLICOS:

APOCALIPSIS 3:18: Por tanto, yo te aconsejo que de mí compres oro refinado en fuego, para que seas rico, y vestiduras blancas para vestirte, y que no se descubra la vergüenza de tu desnudez; y unge tus ojos con colirio, para que veas.

MATEO 10:37: El que ama a padre o madre más que a mí, no es digno de mí; el que ama a hijo o hija más que a mí, no es digno de mí;

MATEO 6:24: Ninguno puede servir a dos señores; porque o aborrecerá al uno y amará al otro, o estimará al uno y menospreciará al otro. No podéis servir a Dios y a las riquezas.

MARCOS 12:30: Y amarás al Señor tu Dios con todo tu corazón, y con toda tu alma, y con toda tu mente y con todas tus fuerzas. Éste es el principal mandamiento.

JUAN 14:6: Jesús le dijo: Yo soy el camino, y la verdad, y la vida; nadie viene al Padre, sino por mí.

APOCALIPSIS 21:4: Enjugará Dios toda lágrima de los ojos de ellos; y ya no habrá muerte, ni habrá más llanto, ni clamor, ni dolor; porque las primeras cosas pasaron.

APOCALIPSIS 22:17: Y el Espíritu y la Esposa dicen: Ven. Y el que oye, diga: Ven. Y el que tiene sed, venga; y el que quiera, tome del agua de la vida gratuitamente.

19. MI REINO CONSISTIRÁ EN LOS POCOS QUE HAN ENCONTRADO QUE, YO SOY DIGNO DE SU MAYOR DEVOCIÓN.

El Señor dio estas Palabras a Susan, el 17 de agosto del 2012.

HIJITOS, SOY YO, EL SEÑOR.

ESTAS PALABRAS DEBEN RESONAR EN TUS OÍDOS: YO VENGO.

Independientemente de lo que las personas digan a tu alrededor, YO voy a llevar a Mi novia a casa para mostrarle Mi Belleza. Ella ha esperado con paciencia y Mi padre ha sido paciente, y pronto Me uniré a Mi gente, Mis verdaderos adoradores, Mi iglesia, Mi novia, los elegidos, para gobernar y reinar en Mi Reino para siempre. Esta es Mi novia. Su papel clave es servir a su Dios en las proximidades de todos los tiempos.

No es sólo el amor y un futuro esperanzador lo que le espera a Mi dulce novia. Mi Reino consistirá en escoger a los que Yo pondré más cerca de Mí, y son los pocos que han encontrado que Yo Soy Digno de su Mayor Devoción. Este es Mi Reino, lleno de dedicados seguidores, aquellos que reconocen que Yo Soy un Dios fiel, fiel a Mis Palabras, lo que requiere que Yo esté en el primer lugar en el corazón de Mis pocos elegidos, los que Me persiguen más que todos los demás amores terrenales temporales.

Mi Amor es Digno de perseguir. Es una Fuente Inagotable, Amor Eterno. Mi Amor no se puede detener o retrasar. Es cada vez mayor, y abundante. Este amor no se puede encontrar en ningún otro lugar, mira si puedes, y verás que, deambular tras las cosas vanas te conduce a tener las manos vacías. El mundo es una representación suave del amor. Sólo Mi Amor establece el estándar. Sólo Mi Amor es la fuente de todo el amor que se encuentra en el universo. Todo lo demás es una copia de Mi Amor Eterno.

Triste es para aquellos que se conforman con un débil y moribundo falso amor en este mundo. Estás conformándote con una imitación débil del amor real de Dios, Amor que No se puede copiar ni puedes experimentarlo como una experiencia auténtica, pues solo se puede experimentar con el Único y Verdadero Dios, Jehová.

Mi Amor es una montaña, una montaña sagrada. Es una fuerza estabilizadora de integridad, paz, mente sana, perfecto amor, amor, último amor fiel.

Si te conformas con el mundo, entonces pronto estarás vacío y perdido, a la deriva por la eternidad, fuera de Mi amor, en el infierno: atormentado y torturado.

Tú debes decidir, ¿vas a venir a este Gran Amor, DIOS de Amor? No voy a esperar para siempre a Mis hijos. El tiempo es limitado para este mundo. No te encuentres fuera de Mi amor.

EL ETERNO AMANTE DE TU ALMA.

APOYOS BIBLICOS:

SALMO 145:20: Jehová guarda a todos los que le aman, Mas destruirá a todos los impíos.

PROVERBIOS 8:17: Yo amo a los que me aman, Y me hallan los que temprano me buscan.

INSTRUCCIONES DE PREPARACIÓN PARA SER LA ESPOSA DE CRISTO:

El Señor dio estas Palabras a Susan, el 4 de mayo del 2012.

Sólo YO, te doy el Poder que necesitas para mantenerte en Mi voluntad. La carne no puede tener éxito en permanecer en la Voluntad de Dios. Sólo por Mi Poder es que cualquier hombre tiene éxito y anda en Mi Voluntad, la carne no puede lograr esta tarea. Es el Poder del Espíritu Santo.

Una entrega parcial no concede la totalidad de Mi Espíritu, para llevar al individuo bajo el Poder del Control de Mi Espíritu, por lo que no puedes evitar con éxito el mal, el pecado y estar en Mi Voluntad. Un individuo, que hace una entrega parcial, es considerado tibio y perdido. Una Entrega parcial no es rendición.

No te equivoques, un rescate parcial conduce a la muerte, lo mismo que una negación absoluta de Mi, como Dios.

El arrepentimiento es la clave para la entrega de la persona. Si la persona todavía está creyendo que no tiene pecado o que no necesita perdón ¿cómo puede ser liberado del mal que aún lo controla?

El remordimiento por el pecado es el comienzo de la curación del corazón, para la sanidad del alma y el espíritu, pues todo está interrelacionado. Un corazón arrepentido, un corazón humilde, puede recibir la salvación de su alma y entrará en Mi Reino, y recibirá el Espíritu Santo por medio del bautismo.

Esto es parte de la liberación de la persona, hacia la libertad de ser liberado de espíritus demoníacos: remordimiento por el pecado pasado, el reconocimiento del pecado ante un Dios Santo y luego la llenura de Mi Espíritu y la total sumisión a Mis Caminos, y a Mí, como SEÑOR Y MAESTRO. Todas las demás expresiones son débiles e ineficaces. La persona debe presentarse a Mí por completo, y le será relevado el poder de Mi enemigo, porque Yo debo ser su MAESTRO INDISCUTIBLE, para que el individuo pueda estar caminando en Mi Voluntad y vencer el pecado llenándose del Poder de Mi Espíritu, NO antes de que el individuo sea capaz de enfrentar con éxito y vencer el pecado en sus vidas. Este es el Camino estrecho. Todos los demás caminos conducen a la destrucción.

DEUTERONOMIO 30:19: A los cielos y a la tierra llamo por testigos hoy contra vosotros, que os he puesto delante la vida y la muerte, la bendición y la maldición; escoge, pues, la vida, para que vivas tú y tu descendencia;

Llena tu lámpara de aceite. El Señor tomará en el cercano rapto de la iglesia, sólo a aquellos vendidos a MI y llenos del Espíritu Santo (recuerda, sólo las cinco vírgenes con lámparas de aceite llenas completamente estaban listas cuando vino el esposo). Si tu no crees que estás vendido a Él, y estás atrapado en las cosas de este mundo, entonces todavía no estás listo, pero estás a tiempo si te involucras a tí mismo, en este momento, en una búsqueda incesante de conocer y seguirme a Mi. En primer lugar debes estar lleno, bautizado con el ESPÍRITU SANTO.

Puedes ser bautizado en el Espíritu Santo en este momento: tu puedes orar esta oración que se sugiere:

En el nombre del Señor, te pido sea yo bautizado en los Nombre del Padre, del Hijo y del Espíritu Santo. Yo oro para ser llenado por completo desde la parte superior de la cabeza hasta el fondo de mis dedos de los pies. Oro para que mis ojos espirituales sean abiertos y para que las escamas se caigan y oro para que mi testimonio sea audaz al testificar de Jehová Jesús y que mi lámpara de aceite sea llena hasta el tope. Yo entrego mi todo al Señor y me arrepiento de todos mis pecados con corazón sincero y remordimiento por estas cosas ante un DIOS SANTO. (También puede orar esta oración alguien que ya había sido bautizado en el Espíritu Santo).

Tu no tienes que ir a ninguna parte ni hacer nada, ya que esto tiene que ver con la actitud de tu corazón. Si así oras lo recibirás a través de un corazón sincero. Entrega tu vida por completo y arrepiéntete de todos tus pecados al Señor. Si es tu deseo de ser bautizado en el SANTO ESPIRITU, hazlo ahora mismo, dónde te encuentras y ora. Puedes orar la oración sugerida anteriormente. Tu tienes absolutamente nada que perder y mucho que ganar. Ora para recibir, después lee la Biblia y ora más.

El ayuno también es recomendable, ya que con el ayuno de alimentos, de comida, o algo con lo que disfrutas, como el iPod, TV / cine, mundanas ocupaciones, o lo que sea, te hace morir a la carne. El ayuno no reemplaza la salvación por la Sangre de Jesús, en absoluto. Sólo significa que nos estamos muriendo a nuestra carne y esto es agradable al Señor porque lo hacemos para buscar mayor intimidad con ÉL, y la búsqueda de respuestas a través de oraciones, mientras que la salvación es un don gratuito de Dios y no se ganó por ningún acto o sacrificio humano.

Estos son los versos que apoyan un segundo bautismo (el otro es el bautismo en agua. El bautismo en agua puede hacerse antes o después de la Bautismo de Espíritu Santo) porque es dado por el Espíritu Santo:

MATEO 3:11: Yo a la verdad os bautizo en agua para arrepentimiento; pero el que viene tras mí, cuyo calzado yo no soy digno de llevar, es más poderoso que yo; él os bautizará en Espíritu Santo y fuego.

MARCOS 1:8: Yo a la verdad os he bautizado con agua; pero él os bautizará con Espíritu Santo.

LUCAS 3:16: respondió Juan, diciendo a todos: Yo a la verdad os bautizo en agua; pero viene uno más poderoso que yo, de quien no soy digno de desatar la correa de su calzado; él os bautizará en Espíritu Santo y fuego.

JUAN 1:33: Y yo no le conocía; pero el que me envió a bautizar con agua, aquél me dijo: Sobre quien veas descender el Espíritu y que permanece sobre él, ése es el que bautiza con el Espíritu Santo.

HECHOS 1:5: Porque Juan ciertamente bautizó con agua, mas vosotros seréis bautizados con el Espíritu Santo dentro de no muchos días.

HECHOS 11:15-16: Y cuando comencé a hablar, cayó el Espíritu Santo sobre ellos también, como sobre nosotros al principio. Entonces me acordé de lo dicho por el Señor, cuando dijo: Juan ciertamente bautizó en agua, mas vosotros seréis bautizados con el Espíritu Santo.

ISAÍAS 52:14: Como se asombraron de ti muchos, de tal manera fue desfigurado de los hombres su parecer, y su hermosura más que la de los hijos de los hombres,

MATEO 10:32: A cualquiera, pues, que me confiese delante de los hombres, yo también le confesaré delante de mi Padre que está en los cielos.

ROMANOS 10:9: que si confesares con tu boca que Jesús es el Señor, y creyeres en tu corazón que Dios le levantó de los muertos, serás salvo.

ROMANOS 10:10: Porque con el corazón se cree para justicia, pero con la boca se confiesa para salvación.

Analicemos los próximos textos bíblicos:

MATEO 7:22-23: Muchos me dirán en aquel día: Señor, Señor, ¿no profetizamos en tu nombre, y en tu nombre echamos fuera demonios, y en tu nombre hicimos muchos milagros? Y entonces les declararé: Nunca os conocí; apartaos de mí, hacedores de maldad.

Wow, estas personas estaban haciendo cosas de las cuales, tu esperarías que gente de la iglesia hiciera, sin embargo, el Señor les dijo que se apartaran de Él. Esto demuestra que una vez salvo, no necesariamente siempre será salvo.

1 CORINTIOS 9:27: sino que golpeo mi cuerpo, y lo pongo en servidumbre, no sea que habiendo sido heraldo para otros, yo mismo venga a ser eliminado.

Parece que el Apóstol Pablo, el cual dijo esto, estaba preocupado por su salvación eterna y seguramente Pablo era salvo para ese tiempo cuando afirmó esto, ya que estaba predicando a otros.

FILIPENSES 2:12: Por tanto, amados míos, como siempre habéis obedecido, no como en mi presencia solamente, sino mucho más ahora en mi ausencia, ocupaos en vuestra salvación con temor y temblor,

1 PEDRO 4:18: Y: Si el justo con dificultad se salva, ¿En dónde aparecerá el impío y el pecador?

No hay necesidad de comentar sobre esta escritura.

MATEO 7:13-14: Entrad por la puerta estrecha; porque ancha es la puerta, y espacioso el camino que lleva a la perdición, y muchos son los que entran por ella; porque estrecha es la puerta, y angosto el camino que lleva a la vida, y pocos son los que la hallan.

Esto no suena como muchos que dicen, que una vez salvo siempre serás salvo.

UN SUEÑO, EL 24 DE AGOSTO DEL 2012.

HOLA SUSAN,

Quiero compartir con usted acerca de un sueño que tuve anoche. Tal vez usted podría ayudarme a entenderlo. No sé si era un mensaje o una confirmación. Estaba leyendo sobre los Ángeles Asignados de Roland Buck antes de ir a dormir. Gracias y que Dios la bendiga:

Escuché una voz en mi sueño diciendo: Voy a hacer que tus enemigos sean estrado de tus pies. Entonces, vi el Monte del Templo. Sabía que era el Monte del Templo, porque reconocí su cúpula dorada. Entonces, vi un hongo, una nube de hongo que se formó como una explosión nuclear. Cuando me desperté, todavía podía recordar con claridad el sueño y la Voz. Busqué en Internet, y encontré exactamente las palabras que oí en mi sueño. Me sorprendió saber que era el Salmo de David, la cual fue mencionado muchas veces en la Biblia. He estado pensando en lo que el sueño podría significar para mí.

Glenda Baybay, Austria.

Entonces yo, Susan, recibí esta interpretación increíble de parte de Jehová, del sueño de Glenda, y sé que es un mensaje muy serio que Jehová quiere poner a la luz pública:

REVELACION DEL SUEÑO.

25 de agosto del 2012.

HIJOS ESTÁ HABLANDO JEHOVÁ:

Les daré la revelación del sueño. Está viniendo una revelación: el mundo está a punto de ver la mano de Dios moviéndose. Estoy a punto de sacudir el mundo. Estoy a punto de sacudir a Mi pueblo por el convenio que hicieron. ¿Cómo se atreve la mano de satanás tocar a Mi gente? Traeré un rayo desde las alturas para agitar y perderán la base firme todas las naciones que vengan en contra de Mi pueblo por el convenio que eligieron.

Cuidado con ustedes hacedores del mal: la hora de oscuridad viene, tan oscuro que nadie será capaz de ver más allá de su propio brazo. Esta oscuridad es por las iniquidades en los cuatro rincones de la tierra. Escuchen, ustedes los que están escuchando, porque los que están escuchando Voy a darles mucho, pero los que se apartan, voy a quitarles lo poco que tienen en lo cual se aferran. Que esto sirva de advertencia a ustedes, hacedores del mal y canallas de todo el mundo que vienen contra las personas de Mi pacto.

LUCAS 20:41-43: Entonces él les dijo: ¿Cómo dicen que el Cristo es hijo de David? Pues el mismo David dice en el libro de los Salmos: Dijo el Señor a mi Señor: Siéntate a mi diestra, Hasta que ponga a tus enemigos por estrado de tus pies.

20. DEJA DE LUCHAR, EN BUSCA DE LO QUE SOLO SE PUEDE ENCONTRAR EN MÍ.

El Señor dio estas Palabras a Susan, el 27 de agosto del 2012.

PALABRAS DEL SEÑOR:

LOS HOMBRES PUEDEN PENSAR QUE PUEDEN CAMBIAR EL CURSO DE ESTE MAL EN CRECIMIENTO, PERO NO PUEDE SER DETENIDO POR NINGUN SER HUMANO.

SÍ, HIJA ESCUCHA, COMENCEMOS:

Hay una tormenta de fuego que viene a la tierra. Está creciendo. Está difundiéndose. Es el mal sin control, sin respuesta, sin freno. Se está moviendo y cada vez, en mayores proporciones. No habrá ningún hombre que pueda detenerlo. Los hombres piensan que pueden alterar el curso de este mal cada vez mayor, pero no puede ser detenido por ningún ser humano.

Sólo Yo, Dios, Soy capaz de llevar esta pesadilla a su fin. Serán jugadas las naciones desafiantes que dan la espalda a Mí, Dios, porque se han vuelto lejos Mi, Dios, en todos los aspectos de la civilización, y Me han eliminado de todas partes de la vida. Voy a quitar Mi Mano protectora sobre esta triste tierra y permitiré los estragos que están a punto de sucederle a la humanidad.

Los hombres en todas partes Me rechazan, sólo unos pocos Me buscan con fuerza, Mi querida y humilde novia, que se ha preparado y está mirando hacia Mí con entusiasmo. Todos los demás se han entregado a sí mismos en una posición tibia y fría hacia Mí. Mi novia se niega a sí misma, ella viene a Mí en una entrega total, de todo corazón, dejando el camino ancho de los caminos del mundo. Ella busca el camino angosto firmemente

146

definido, la cual pocos encuentran, aunque incluso, algunos buscan.

Ella mira ardientemente Mi Camino, Mi Verdad. Ella no se conforma con un segundo mejor, que vea en alguna otra dirección, porque sólo Mi Voluntad Perfecta satisface su alma, los anhelos de su alma. El mundo no puede saciar a Mi verdadera novia, pues solo le producirá más hambre y más ansias de Mi. El mundo sólo da ofertas y promesas vacías, frías. Es un intento frío de aliviar la carga de un alma hambrienta. Sólo Mi Verdad, Mi Voluntad, y Mi Manera, verdaderamente quita el vacío de un alma privada del Espíritu de Dios.

Mi novia busca hasta que encuentra la solución a su alma perdida y vacía sin Dios.

Ni siquiera un llenado parcial satisface el alma de Mi novia en su búsqueda porque sabe que no hay otro lugar para encontrar lo eterno.

¿Eres Mi novia? ¿Estás tú con hambre total en tu mente y espíritu? ¿Está tu alma inquieta, insaciable por un mundo que te deja vacio y sin propósito, sin el amor verdadero? Estas cosas sólo pueden encontrarse en MI, tu SEÑOR. Yo Soy la plenitud, la paz y serenidad que busca tu alma inquieta y nunca lo encontrará en ningún otro lugar o camino. El Realizar una búsqueda entre muchos otros caminos mundanos: relaciones, el trabajo, la búsqueda de la riqueza, sólo te deja seco y con las manos vacías, haciéndote sentir inútil y sin amor.

Tu no vas a encontrar el amor en estos lugares, sólo Mi amor llena los anhelos del corazón hambriento y sólo Mi amor satisface esa perdida, ese corazón vacío. No busques más, aquí Estoy. YO SOY la respuesta: el CAMINO, VERDAD Y VIDA. Deja de luchar, en busca de aquello que sólo puedes encontrar en Mi.

Hijos, muchos no están escuchando Mis Palabras. Ellos no están leyendo y ellos se niegan a escuchar y creer. Esta no es la hora de dormir. Convéncete de que el mundo no tiene ninguna respuesta. Él se ve tan seguro de sí mismo, y parece fiable. Por eso caes en los brazos de Mi enemigo, Oh, que espera pacientemente. Él no tiene ninguna prisa para verte caer, todo el tiempo lleva a cabo su misión de llevar al extremo lo que ha planeado para ti. No importa cuánto tiempo necesita para que tu caigas allí. Ten cuidado, porque él va a esperar pacientemente si cree que puede, y se moverá de acuerdo a tus tradiciones de los hombres y tu falta de conocimiento. Él usará estas cosas para llevarte lejos de la Verdad: la trampa está diseñada para tu destrucción bien planeada.

Tu tiempo se está acabando, por lo que él, se establece en reducirte tanto como le sea posible. Incluso grupos enteros de iglesias se niegan a reconocer el Poder de MI ESPÍRITU. Si estás bloqueando el mover de Mi Espíritu, ¡ME estás bloqueando a Mi en conjunto! ¡PORQUE SOMOS UNO! Ven a tus sentidos. ¡El tiempo se acaba!

Queda muy poco tiempo por recorrer. Búcame. Estoy a la espera de ustedes, niños.

ESTE ES TU SEÑOR QUE ESPERA PACIENTEMENTE.

APOYOS BIBLICOS:

SaLMOs 107:9: Porque sacia al alma menesterosa, Y llena de bien al alma hambrienta.

SALMOS 63:1: Dios, Dios mío eres tú; De madrugada te buscaré; Mi alma tiene sed de ti, mi carne te anhela, En tierra seca y árida donde no hay aguas,

MATEO 24:10-12: Muchos tropezarán entonces, y se entregarán unos a otros, y unos a otros se aborrecerán. Y muchos falsos profetas se levantarán, y engañarán a muchos; y por haberse multiplicado la maldad, el amor de muchos se enfriará.

MATEO 24:9: Entonces os entregarán a tribulación, y os matarán, y seréis aborrecidos de todas las gentes por causa de mi nombre.

MATEO 7:14: porque estrecha es la puerta, y angosto el camino que lleva a la vida, y pocos son los que la hallan.

MATEO 15.1: Entonces se acercaron a Jesús ciertos escribas y fariseos de Jerusalén, diciendo: ¿Por qué tus discípulos quebrantan la tradición de los ancianos? Porque no se lavan las manos cuando comen pan. Respondiendo él, les dijo: ¿Por qué también vosotros quebrantáis el mandamiento de Dios por vuestra tradición?

JUAN 14:6: Jesús le dijo: Yo soy el camino, y la verdad, y la vida;

OSEAS 4:6: Mi pueblo fue destruido, porque le faltó conocimiento. Por cuanto desechaste el conocimiento, yo te echaré del sacerdocio; y porque olvidaste la ley de tu Dios, también yo me olvidaré de tus hijos.

¿QUE PASIÓN PUEDE OFRECERTE EL MUNDO A TI, QUE SEA MAYOR QUE MI PASION?

El Señor dio estas Palabras a Susan, el 28 de agosto del 2012.

SÍ HIJA, COMENCEMOS:

Mis hijos, que moran sobre la tierra: llega el día y la hora de Mi regreso. Está en parte, a la vuelta de la esquina. Tengo que ser drásticamente honesto acerca de lo que está alrededor de la esquina, para los que se niegan a prepararse y estar atentos a Mi descenso para recibir a Mi novia. Hay una gran oscuridad que pronto cubrirá la tierra como un manto oscuro de desesperanza, muerte y destrucción.

Se abrumarán los que se queden para enfrentarlo: los que se niegan a Mírame y reconciliarse Conmigo a través de la entrega y arrepentimiento. Les pido solo la rendición, el arrepentimiento de todos sus pecados, el perdón a todos los que alguna vez te han hecho daño, y un aceite completo de tu lámpara con una llenara de Mi Espíritu. Todo debe ser completo, total, completo. Parcial rendición, perdón parcial, arrepentimiento parcial, y un aceite que medio llene tu lámpara, sólo te mantendrá fuera de Mi Reino.

Es necesario darme todo o no Me des nada, es todo o nada. Es Mi requisito para que estés listo para que vengas Conmigo cuando valla a salvar a Mi novia. No tengo ningún contentamiento al ver tu compromiso a medias. Apesta y huele mal, porque todavía estás abrazando el mundo cuando das una rendición tan débil.

Tu debes creer que YO, DIOS, no puedo aceptar que el mundo te guste más que Mi Amor, Mi Gran Amor, SALVADOR, CREADOR, AMANTE ETERNO. ¿Qué más puede el mundo darte que YO, DIOS, CREADOR no pueda ofrecerte?

Mi Amor es completo, eterno, duradero, vibrante y apasionado. Morí una muerte horrible: magullado y mutilado; y recibí muchos azotes. Estaba Yo postrado, escupido, y desgarrado por los hombres

150

malos. ¿Qué más pasión puede ofrecer el mundo a ti del que Yo he tenido?

Mis Promesas son Verdaderas y nunca serás defraudado. Es una belleza que no se puede entender o incluso comprender por ahora. Todo esto puede ser tuyo si aceptas Mi Verdad. Pronto, muy pronto, Mi Venida sucederá, enfócate en la hora. Así que tu puedes estar listo o puedes rechazar Mi plan y optar por el camino al infierno: el camino ancho. Muchos han ido ya, muchos aún se destinarán a este lugar. No estés entre ellos.

Ahora es el momento de optar por ser único: unos pocos, están enfocados en caminar en el camino realmente estrecho. Puedo conducirte en este camino pero debes girar a Mi y seguirme. Esto es lo que pido. Lo que yo necesito. No dejes el Camino: muchos lo dejan y nunca lo han encontrado: toma Mi mano. Permíteme guiarte en Mi Camino, Yo Soy el Camino Angosto. Sólo YO llevo a MI PADRE. Sólo MI Amor y Mi Poder te salvará. Llega a Conocerme. No voy a tomar el segundo lugar en tu corazón.

Considera esto cuidadosamente. Tu resultado eterno depende de esta elección. Si quieres ser salvo, ven a Mí ahora, voy a escucharte. Yo te oiré. Todavía tengo tiempo para salvarlos de la destrucción. Me muero por hacerlo. Ahora déjame terminar Mi trabajo en tu corazón.

Ven a Mí ahora. Estoy a pocos minutos para venir.

TU AMOR Y LA RECTITUD DEL CORAZÓN.

APOYOS BIBLICOS:

MATEO 12:30: El que no es conmigo, contra mí es; y el que conmigo no recoge, desparrama.

APOCALIPSIS 3:16: Pero por cuanto eres tibio, y no frío ni caliente, te vomitaré de mi boca.

SALMO 22:16: Porque perros me han rodeado; Me ha cercado cuadrilla de malignos; Horadaron mis manos y mis pies.

SALMO 20:7: Éstos confían en carros, y aquéllos en caballos; Mas nosotros del nombre de Jehová nuestro Dios tendremos memoria.

HEBREOS 12:2: puestos los ojos en Jesús, el autor y consumador de la fe, el cual por el gozo puesto delante de él sufrió la cruz, menospreciando el oprobio, y se sentó a la diestra del trono de Dios.

PALABRAS DEL SEÑOR: QUIERO HABLAR CON MI IGLESIA, MI NOVIA.

Viernes, 7 de septiembre del 2012.

Las palabras del Señor para hoy (Publicados en www.End-Times-Prophecy.Com)

CARTA A LA IGLESIA TIBIA:

Tibia: Tu no sabes quién Soy YO, tu hablas de estar aquí los próximos veinte años. Pones todos los argumentos en contra de la idea del pronto regreso del Señor. Aunque la Biblia es clara en cuanto la obligación de velar por el Señor, tú dices que estar viendo No es importante, y piensas que estás listo y aun, Tu tienes tu propio futuro planeado, y ¿no te preocupas en preguntar por la voluntad de Dios en tu vida? Todos ustedes están atrapados en esperar cómo los hombres pueden arreglar la economía, la política, y los problemas mundiales aunque sea apartado de Dios. Te encanta citar incorrectamente las Escritura para apoyar tu escarnio y posición, más aún, llaman a Dios sólo cuando están en un verdadero aprieto, entonces finalmente se conectan con Dios, porque sucede una gran crisis. Luego, cuando la crisis pasa, vuelves a centrarte en el mundo y tu amor por el.

Seguro que no quieres la voluntad de Dios para tu vida en el camino de tus propios planes futuros.

Tibia: tú estás adentro de un choque de tus planes que están a punto de salir por la ventana, como si fueran seguros que los realizaras. Tu No tienes veinte Ni treinta años para realizarlos y una de las razones es por qué: al Visitar a cualquier librería, revisa los Libros completos, y a través de los canales de cable o visita los canales de Películas: el mal abunda. Los temas van desde la nueva era, el retorno de las brujas, obsesión oculta, sobrecarga sobre las riquezas, modernización del paganismo, la pornografía, y Mega iglesias con una apariencia de piedad, pero niegan la eficacia de la misma. Ve a cualquier biblioteca en cualquier lugar y echa un vistazo a los libros para los jóvenes. Esta generación no va a recuperarse del mal que se ha extendido. La depravación total se refleja en el enfoque de lo material que proponen a la juventud de hoy y no hay NINGUN punto en el que nos podamos apoyar para creer en una supervivencia futura con tolerancia cero, hacia Dios y la Biblia. ¿Así que además de la orientación de la Biblia, y el poder del Espíritu Santo, no se ve esperanza en torno a la sociedad? ¿Quién realmente quiere ver lo que sucederá en diez o veinte años más que esta cultura inmoral traerá?

Lo bueno es que no tendremos que, es decir, si tu estás realmente buscando el regreso del Señor, pero si tu plan es correr con tus planes futuros, Su regreso No te va a servir, porque el camino es estrecho y pocos lo encuentran.

APOYOS BIBLICOS:

GÁLATAS 5:19-21: Y manifiestas son las obras de la carne, que son: adulterio, fornicación, inmundicia, lascivia, idolatría, hechicerías, enemistades, pleitos, celos, iras, contiendas, disensiones, herejías, envidias, homicidios, borracheras, orgías, y cosas semejantes a estas; acerca de las cuales os amonesto, como ya os lo he dicho antes, que los que practican tales cosas no heredarán el reino de Dios.

MATEO 24:12: y por haberse multiplicado la maldad, el amor de muchos se enfriará.

2 TIMOTEO 3:1-5: También debes saber esto: que en los postreros días vendrán tiempos peligrosos. Porque habrá hombres amadores de sí mismos, avaros, vanagloriosos, soberbios, blasfemos, desobedientes a los padres, ingratos, impíos, sin afecto natural, implacables, calumniadores, intemperantes, crueles, aborrecedores de lo bueno, traidores, impetuosos, infatuados, amadores de los deleites más que de Dios, que tendrán apariencia de piedad, pero negarán la eficacia de ella; a éstos evita.

SANTIAGO 4:13-14: ¡Vamos ahora! los que decís: Hoy y mañana iremos a tal ciudad, y estaremos allá un año, y traficaremos, y ganaremos; cuando no sabéis lo que será mañana. Porque ¿qué es vuestra vida? Ciertamente es neblina que se aparece por un poco de tiempo, y luego se desvanece.

ISAÍAS 31:1: ¡Ay de los que descienden a Egipto por ayuda, y confían en caballos; y su esperanza ponen en carros, porque son muchos, y en jinetes, porque son valientes; y no miran al Santo de Israel, ni buscan a Jehová!

SANTIAGO 4:4: ¡Oh almas adúlteras! ¿No sabéis que la amistad del mundo es enemistad contra Dios? Cualquiera, pues, que quiera ser amigo del mundo, se constituye enemigo de Dios.

2 PEDRO 3:3-4: sabiendo primero esto, que en los postreros días vendrán burladores, andando según sus propias concupiscencias, y diciendo: ¿Dónde está la promesa de su advenimiento? Porque desde el día en que los padres durmieron, todas las cosas permanecen así como desde el principio de la creación.

APOCALIPSIS 3:16: Pero por cuanto eres tibio, y no frío ni caliente, te vomitaré de mi boca.

LO QUE DIJE HACE TANTO TIEMPO QUE PASARÍA, ESTÁ PASANDO.

El Señor dio estas Palabras a Susan, el 2 de septiembre del 2012.

ELLOS NO QUIEREN ENFRENTAR LO QUE VIENE, POR LO QUE SE HAN BLOQUEADO PARA ESTAR LEJOS DE LA VERDAD.

ASÍ ES HIJA, PODEMOS EMPEZAR:

Hijos, estos son tus dioses. Yo Soy un Dios que es veraz. Lo que dije se hará. Tengo la llave que abre el futuro. Lo que dije hace mucho tiempo que pasaría, está sucediendo. Los que saben, lo ven, pero aquellos que se niegan a mirar no pueden ver por que están paralizados por la Verdad.

La Verdad tiene una llave. Ellos no quieren hacer frente a lo que viene, por lo que se han encerrado lejos de la Verdad: su búsqueda del mundo lo ejecutan en una gran variedad de formas que no les permite ver lo que está sucediendo ante sus ojos. Ellos creen, que

155

no tienen que hacer le frente, entonces lo que es verdadero les parece que son sólo rumores, pero la realidad está a punto de hundirlos.

Para aquellos que viven para encontrar la Verdad y estar en Mi Voluntad van a encontrar seguridad y larga vida. Para aquellos que rechazan Mi Verdad a través de MI Palabra, las señales y de Mis mensajeros, ellos sabrán de la destrucción, del dolor y la pena. He sido muy claro en Mis Escritos, a través de aquellos del pasado y a través de Mis mensajeros de hoy. Mi Verdad siempre concuerda con Mis Palabras por que viene a la realidad.

Hijos, llega el momento en que voy a estar listo para llevar a Mi Iglesia a la seguridad, porque el mundo será tan severo, tan feo, tan desolado y amenazante. No voy a permitir que Mi iglesia perdure aquí mucho más. Ella está a punto de ser sacada de la tierra para su custodia, en su eterna morada, una residencia cerca de su DIOS. El mundo está cada vez más oscuro alrededor de ella y Mi novia es preciosa para Mí. No voy a estar de quieto frente a ella, mucho más tiempo, por el rechazo de los demás, que se niegan a ver la Verdad.

Así que niños, la hora se acerca rápidamente. Tu lo sabrás si estás atento a mis señales que están claramente definidas a través de Mi Libro. La iglesia raptada está a punto de ser llevada fuera del camino, y luego los que queden tendrán que lidiar con Mi ira.

Pon atención. Ábrete camino a Mi. Arrepiéntete de tu vida de pecado y perdona a todos los que te rodean.

Ríndete totalmente y déjame sostener tu espíritu para llevarlo a un lugar seguro. Todo esto se encuentra directamente adelante.

Nunca pierdas el ánimo. Gira y enfrenta a Dios. Dame tu afecto, completo. Te doy Mi todo. Te pido tu todo.

ESTE ES TU SEÑOR Y SALVADOR POR ENCIMA DE TODO, BÚSCAME.

APOYOS BIBLICOS:

DEUTERONOMIO 32:4: Él es la Roca, cuya obra es perfecta, Porque todos sus caminos son rectitud; Dios de verdad, y sin ninguna iniquidad en él; Es justo y recto.

ISAÍAS 55:11: así será mi palabra que sale de mi boca; no volverá a mí vacía, sino que hará lo que yo quiero, y será prosperada en aquello para que la envié.

JOEL 2:28: Y después de esto derramaré mi Espíritu sobre toda carne, y profetizarán vuestros hijos y vuestras hijas; vuestros ancianos soñarán sueños, y vuestros jóvenes verán visiones.

APOCALIPSIS 3:19: Y amarás al Señor tu Dios con todo tu corazón, y con toda tu alma, y con toda tu mente y con todas tus fuerzas. Éste es el principal mandamiento.

MARCOS 11:25-26: Y cuando estéis orando, perdonad, si tenéis algo contra alguno, para que también vuestro Padre que está en los cielos os perdone a vosotros vuestras ofensas. Porque si vosotros no perdonáis, tampoco vuestro Padre que está en los cielos os perdonará vuestras ofensas.

MARCOS 12:30: Y amarás al Señor tu Dios con todo tu corazón, y con toda tu alma, y con toda tu mente y con todas tus fuerzas. Éste es el principal mandamiento.

21. TENGO MUCHAS GANAS DE ENCONTRARME CONTIGO.

El Señor dio estas Palabras a Susan, el 4 de septiembre del 2012.

HIJA, ESCUCHA MIS PALABRAS:

QUIERO HABLAR AHORA CON MI IGLESIA. MI NOVIA:

QUERIDA IGLESIA:

Yo Soy tu DIOS. YO Soy un DIOS muy feliz. Tenemos muchas ganas de reunirnos contigo. Voy a estar esperando en la puerta para cuando te recoja. La hora se acerca. Sí, el tren llega a tiempo. Pronto serás embarcada. Tengo un entrenador especial esperándote. Destinado "El entrenador de la novia" Es para aquellos que están en la puerta esperando pacientemente, listos y esperando, observando y ansiosamente anticipando al NOVIO.

Estoy listo para la novia. Hay belleza en las altas montaña en las partes superiores. Es mi corazón.

¿Estás listo? ¿Por lo menos sabes que estoy viajando?

El mundo se está convirtiendo en una pesada y densa oscuridad que se difunde y que cubre toda la humanidad. MI novia brilla más allá de la cubierta oscura. Ella es como haces de luz que ilumina el camino de Mi Verdad. Todo lo demás es oscuridad, falsas palabras: las palabras no dadas por Dios conducen al error a las personas.

Cada vez que escuches palabras en contra de lo que Mi Palabra expone, son doctrinas de demonios. Mucha falsedad abunda. El mundo busca la Verdad, a través de las palabras que más quieren oír, y no a través de Mi Palabra o de Mi Boca.

Esta es la gran hora del discernimiento. Es hora de discernir Oh, iglesia. Deja de escuchar cada palabra que sale, sin buscarme para la confirmación de estas, a través de MI ESPÍRITU, y de Mi Palabra. No todas las palabras son veraces. Hay mucho engaño volando alrededor para confundir a Mi novia, para llevarla por mal camino, y alejarla a ella fuera del camino estrecho. Les digo niños, los demonios acechan para enturbiar las aguas con falsedades y centrar a Mi pueblo, para llevarla por el mal camino, y para despistarla de la Verdad, de la Senda Recta.

Ora por discernimiento, ora por la Verdad, ora para recibir las Palabras directamente de la boca de Dios y no de las rutas alternativas: donde hay verdades y mentiras que provienen de las fuentes del mal. No todo es como parece. MI enemigo viene como un ángel de luz en busca de todo aquel a quien le sea posible engañar y confundir.

Prueba las aguas del Poder de Mi Espíritu. Sólo Él puede llevarte a toda la Verdad, no hay otra manera, no es por las interpretaciones de los hombres, sino con Mi Espíritu que proporciona confirmaciones a través de la dirección de Mi Palabra y de Mi Espíritu. Sométete a Mí en la totalidad, en entrega total, arrepiéntete y perdona a los que te rodean. Sólo mediante la llenura completa de MI ESPÍRITU, puedes funcionar plenamente en tu corazón, pues te conduce a toda la Verdad. Estos tiempos son peligrosos MIS hijos. No te dejes engañar por demonios y por las mentiras del enemigo. Estate en guardia. Entrégate por completo a tu DIOS para el aseguramiento de la Verdad. YO VENGO, las Palabras que van en sentido contrario, son mentiras. Prepárate MI iglesia, MI novia. Tu Esposo viene. Mira hacia arriba, tu redención está cerca.

APOYOS BIBLICOS:

MIQUEAS 4:1: Acontecerá en los postreros tiempos que el monte de la casa de Jehová será establecido por cabecera de montes, y más alto que los collados, y correrán a él los pueblos.

ISAÍAS 2:2: Acontecerá en lo postrero de los tiempos, que será confirmado el monte de la casa de Jehová como cabeza de los montes, y será exaltado sobre los collados, y correrán a él todas las naciones.

EFESIOS 5:8: Porque en otro tiempo erais tinieblas, mas ahora sois luz en el Señor;

2 CORINTIOS 11:14: Y no es maravilla, porque el mismo Satanás se disfraza como ángel de luz.

COLOSENSES 1:13: el cual nos ha librado de la potestad de las tinieblas, y trasladado al reino de su amado Hijo,

2 TIMOTEO 1:13-14: Retén la forma de las sanas palabras que de mí oíste, en la fe y amor que es en Cristo Jesús. Guarda el buen depósito por el Espíritu Santo que mora en nosotros.

1 CORINTIOS 2:10-14: Pero Dios nos las reveló a nosotros por el Espíritu; porque el Espíritu todo lo escudriña, aun lo profundo de Dios. Porque ¿quién de los hombres sabe las cosas del hombre, sino el espíritu del hombre que está en él? Así tampoco nadie conoció las cosas de Dios, sino el Espíritu de Dios. Y nosotros no hemos recibido el espíritu del mundo, sino el Espíritu que proviene de Dios, para que sepamos lo que Dios nos ha concedido, lo cual también hablamos, no con palabras enseñadas por sabiduría humana, sino con las que enseña el Espíritu, acomodando lo espiritual a lo espiritual. Pero el hombre natural no percibe las

cosas que son del Espíritu de Dios, porque para él son locura, y no las puede entender, porque se han de discernir espiritualmente.

NO SOY, UN DIOS QUE PUEDE SER BURLADO Y LOS HOMBRES ME HAN BURLADO LO SUFICIENTE.

Martes, 11 de septiembre del 2012.

Las palabras del Señor para hoy (Publicados en www.End-Times-Prophecy.Com)

QUERIDOS CRISTIANOS TIBIOS:

¿POR QUÉ ESTOY TRATANDO CON USTEDES TANTO, CRISTIANOS TIBIOS? PORQUE USTEDES ESTÁN PERDIDOS Y NI SIQUIERA LO SABEN.

APOCALIPSIS 3:16: Pero por cuanto eres tibio, y no frío ni caliente, te vomitaré de mi boca.

AQUÍ ESTÁ LA SOLUCIÓN PARA REVERTIR LA CONDICIÓN TIBIA:

Entrega tu todo al Señor, tu vida, tu mente, tu alma, tu espíritu, tus planes futuros. Da todo a Jehová, pídele que te llene con el ESPÍRITU SANTO y ten la LAMPARA llena de aceite, (LLENA significa: que le das TODO al Espíritu Santo y mueres a tí mismo para darle el completo control de tu vida al Espíritu Santo, lejos de tu búsqueda del amor del mundo con el Poder del Espíritu Santo)

ESTOS SON ALGUNOS DE LOS SÍNTOMAS PREOCUPANTES DE LA IGLESIA TIBIA:

2 TIMOTEO 3:5: que tendrán apariencia de piedad, pero negarán la eficacia de ella; a éstos evita.

Sin el bautismo o la lámpara llena de aceite completamente (no una lámpara llena de aceite hasta la mitad) sin un llenado del Espíritu Santo, vas a tener una forma de piedad (religión), pero negarás el poder de las cosas del ESPIRITU, siempre haciéndote santo en la carne, apartado del Espíritu Santo, entonces pierdes el beneficio de una mayor comprensión de la Biblia, un testimonio audaz, y la capacidad para vencer el pecado en tu vida por el Poder del Espíritu Santo, en lugar de intentar hacerlo a través de la carne, lo cual es imposible.

Ahora la iglesia tibia quiere expulsar las manifestaciones de la LLENURA DEL ESPÍRITU SANTO que puede ser (basado en el Santo Espíritu, lo cual es quien elige dar a quien quiera dar) el hablar en lenguas, el interpretar las lenguas; da visiones, sueños; profecías; Discernimiento espiritual, etc. He aquí por qué la iglesia tibia quiere contenerlo o eliminarlo por completo: por el espíritu religioso que abunda en las iglesias tibias, debido a un espíritu de rebelión que opera fuertemente en ellas, para poner fin a la medida esencial y valioso del ESPÍRITU SANTO que permite a las personas operar en el poder del Espíritu y estar fuera de su condición de tibia y en última instancia ser salvado. Aquí hay más información sobre el espíritu religioso:

http://www.takehisheart.com/religiousspiritpythonsatan.htm

La iglesia tibia sin el Espíritu Santo no está recibiendo los beneficios de una correcta comprensión de las Escrituras. Comprender las Escrituras viene por el liderazgo del ESPÍRITU SANTO exclusivamente y no por los líderes, la cual son enseñanzas de hombres:

1 CORINTIOS 2:10-14: Pero Dios nos las reveló a nosotros por el Espíritu; porque el Espíritu todo lo escudriña, aun lo profundo de Dios. Porque ¿quién de los hombres sabe las cosas del hombre, sino el espíritu del hombre que está en él? Así tampoco nadie conoció las cosas de Dios, sino el Espíritu de Dios. Y nosotros no hemos recibido el espíritu del mundo, sino el Espíritu que proviene de Dios, para que sepamos lo que Dios nos ha concedido, lo cual también hablamos, no con palabras enseñadas por sabiduría humana, sino con las que enseña el Espíritu, acomodando lo espiritual a lo espiritual. Pero el hombre natural no percibe las cosas que son del Espíritu de Dios, porque para él son locura, y no las puede entender, porque se han de discernir espiritualmente.

http://www.takehisheart.com/holyspiritspiritualthings.htm

Ahora la iglesia tibia sigue atrapada por la mezcla del mundo con su fe, pero los dos no pueden mezclarse:

SANTIAGO 4:4: ¡Oh almas adúlteras! ¿No sabéis que la amistad del mundo es enemistad contra Dios? Cualquiera, pues, que quiera ser amigo del mundo, se constituye enemigo de Dios.

MATEO 7:22-23: Muchos me dirán en aquel día: Señor, Señor, ¿no profetizamos en tu nombre, y en tu nombre echamos fuera demonios, y en tu nombre hicimos muchos milagros? Y entonces les declararé: Nunca os conocí; apartaos de mí, hacedores de maldad.

Así que la iglesia tibia cae en problemas de dos maneras aquí:

1) cuando maneja las cosas de Dios: va a la iglesia un par de días a la semana y ora de vez en cuando, pero no está realmente en la búsqueda de Dios íntimamente, ni está en la búsqueda de la

entrega total que es un requisito para tener una lámpara llena de aceite. Así la iglesia tibia nunca experimenta el Poder disponible a través de la plenitud del Espíritu Santo.

Y,

2) El castigo será mucho mayor para la iglesia tibia en el infierno, los cuales tenían acceso a las cosas de Dios, pero por su relación casual con Él por lanzarse de nuevo a perseguir el mundo para sus respuestas y la gratificación que deberían haber encontrado a través de Dios directamente.

PROVERBIOS 26:11: Como perro que vuelve a su vómito, Así es el necio que repite su necedad.

HEBREOS 6:4-8: Porque es imposible que los que una vez fueron iluminados y gustaron del don celestial, y fueron hechos partícipes del Espíritu Santo, y asimismo gustaron de la buena palabra de Dios y los poderes del siglo venidero, y recayeron, sean otra vez renovados para arrepentimiento, crucificando de nuevo para sí mismos al Hijo de Dios y exponiéndole a vituperio. Porque la tierra que bebe la lluvia que muchas veces cae sobre ella, y produce hierba provechosa a aquellos por los cuales es labrada, recibe bendición de Dios; pero la que produce espinos y abrojos es reprobada, está próxima a ser maldecida, y su fin es el ser quemada.

Si te ves en esta condición tibia, será mejor que corras, a buscar el bautismo del Espíritu Santo, para recibir una lámpara llena completamente de aceite a través del arrepentimiento de los pecados y has una entrega total de tu vida para ser completamente presentado a Cristo (ver el artículo dentro de esta carta a continuación, con más sobre el bautismo del Espíritu Santo).

22. YO NO VOY A PERMITIR QUE ESTE MUNDO SIGA ADELANTE POR MUCHO MÁS TIEMPO .

El Señor dio estas Palabras a Susan, el 9 de septiembre del 2012.

NADIE PUEDE DETENER LA FURIA DE MI IRA, QUE HA DE VENIR SOBRE EL TIERRA.

SÍ, HIJA, PODEMOS EMPEZAR:

HIJOS ESTA HABLANDO JEHOVÁ:

Pronto Mis hijos, pronto, la hora se acerca. Hay una gran cuenta regresiva. El mundo rodea a MI pueblo del pacto. Ellos están rodeados por todos lados. Los perros le rodean. Ellos están listos para lanzar su ataque. Mi pueblo se siente aislado y abandonado por el mundo.

El mundo está en enemistad Conmigo. El mundo abraza a mi enemigo, como si el mal fuera la respuesta a todos sus problemas. Ellos están saltando por encima del borde de la destrucción hacia el desastre manteniendo apretada sus malas intenciones.

No voy a permitir que este mundo continúe por mucho más tiempo. Pronto, haré remover a Mi novia. No voy a trasladarla con tristeza por la desgracia que viene cuando ella sea sacada. Yo volveré Mi rostro lejos del mal que gobierna la tierra después de que Mi novia sea colocada de forma segura lejos.

Las personas que quedarán en la tierra están a punto de beber la copa de Mi ira que ha sido cargada por el mal abrumador, por la rebelión y el rechazo hacia Mi, que el mundo tiene abrazado. Este rechazo de Dios no se tolerará mucho más.

Mi paciencia ha sido probada y probada una y otra vez. Pero el límite, incluso, de Mi Gran Paciencia se ha cumplido y ahora la ira de Mi fuego interno se ha alimentado y se derramará sobre la tierra y no se puede detener. Nadie puede detener la ira de Mi furor que viene sobre la tierra.

El humo de Mi ira no se apagará hasta que vuelva a establecerse el asunto en Mi Segunda Venida cuando tome el control del hombre malo y Mi enemigo, para tomar el control sobre la tierra de nuevo. MI ira ha despertado y te libraré de la justicia que exige MI fuego como retribución a esos hijos rebeldes que no me conocen, porque de todo corazón rechazan Mi Verdad, Mi camino, Mi Regla.

Vengan hijos. Tu tienes tu vida en tus manos. ¿Decides quedarte y ver el mal que va a acontecer o vas a salir conmigo cuando yo llame a Mi iglesia a la seguridad?

Vamos a un lugar seguro. No elijas contra MÍ. No elijas la muerte y la destrucción. Se prudente. Lee MI Palabra. Estúdiala. No dejes que la falta de conocimiento te separe de Mi Verdad, de la Salvación, y escapes de Mi Ira. Tu no quieres experimentar la fuerza de Mis Poderosos golpes que vendrán a esta tierra rebelde.

Estoy listo para dar rienda suelta a Mi Ira reprimida y mostrarme fuerte y fiel a Mis Palabras.

Prepárate. ¿Vas a venir al sonido de la trompeta o estarás listo para beber profundamente de la copa de Mi Ira? Tu eliges. Ahora es tiempo.

TU DIOS, TU CREADOR HA HABLADO.

APOYOS BIBLICOS:

SALMOs 22:16: Porque perros me han rodeado; Me ha cercado cuadrilla de malignos; Horadaron mis manos y mis pies.

SANTIAGO 4:4: ¡Oh almas adúlteras! ¿No sabéis que la amistad del mundo es enemistad contra Dios? Cualquiera, pues, que quiera ser amigo del mundo, se constituye enemigo de Dios.

MATEO 24:12: y por haberse multiplicado la maldad, el amor de muchos se enfriará.

ABDÍAS 1:13: No debiste haber entrado por la puerta de mi pueblo en el día de su quebrantamiento; no, no debiste haber mirado su mal en el día de su quebranto, ni haber echado mano a sus bienes en el día de su calamidad.

OSEAS 4:6: Mi pueblo fue destruido, porque le faltó conocimiento. Por cuanto desechaste el conocimiento, yo te echaré del sacerdocio; y porque olvidaste la ley de tu Dios, también yo me olvidaré de tus hijos.

DEUTERONOMIO 32:41: Si afilare mi reluciente espada, Y echare mano del juicio, Yo tomaré venganza de mis enemigos, Y daré la retribución a los que me aborrecen.

ZACARÍAS 12:2: He aquí yo pongo a Jerusalén por copa que hará temblar a todos los pueblos de alrededor contra Judá, en el sitio contra Jerusalén.

NAHUM 1:2: Jehová es Dios celoso y vengador; Jehová es vengador y lleno de indignación; se venga de sus adversarios, y guarda enojo para sus enemigos.

LUCAS 21:22: Porque éstos son días de retribución, para que se cumplan todas las cosas que están escritas.

23. ARREPIÉNTETE DE TU MALDAD: DE TUS PLANES MALVADOS, DE HACER METAS Y DE UN FUTURO, APARTADO DE TU DIOS.

El Señor dio estas Palabras a Susan, el 10 de septiembre del 2012.

YO NO SOY UN DIOS QUE PUEDE SER BURLADO, Y LOS HOMBRES ME HAN BURLADO LO SUFICIENTE.

COMENCEMOS:

Hijos, este es el Altísimo. Estoy a punto de mostrarme GRANDE. Estoy a punto de mostrarme VERAZ. Estoy a punto de ser EL GUARDIÁN DE LA GRAN PROMESA. Yo soy un Dios en quien se puede confiar.

¡Lo que yo digo, se hará!

Los hombres tratan de reescribir la historia y el futuro fuera de MI Palabra, MI Verdad. Pueden intentarlo, pero no tendrán éxito. Yo no soy un DIOS de quien se pueden burlar y los hombres me han burlado lo suficiente. No puedo ser empujado por los malos como si yo sólo fuese un hombre de carne y hueso. SOY REY Dios Yahvé, eterno Rey de Reyes, Señor de Señores.

Pronto, Mi Ira se derramará sobre la tierra y no habrá ninguna carne que pueda detenerlo. Esta hora no se puede detener. Estará pasando como indiqué que sería si el hombre malvado se burla y se aferra a sus cada vez más escasos planes futuros que elabora a través de su propio corazón malo, sin consultar a su CREADOR. Todo está mal por planificar sin consultar la voluntad de Dios. Pronto estos aparentes planes de seguridad pasarán como polvo en el viento soplando como una gran tormenta de polvo. Todos los planes el mal del hombre hacia un futuro inexistente será deshecho y será reemplazado por el ejecutamiento del gran mal. Cualquier esperanza de un futuro ahora, que los hombres elaboren en sus mentes perversas, pronto se disolverán como acuarelas.

EL MAL en el YO: este es el corazón de los hombres que no reconocen la voluntad de Dios, pues son hombres centrados en su Yo - orgullosos - egoístas que no me buscan para sus planes futuros. Todo está mal. Sólo Mis planes son importantes y cuentan en el final. ¿Acaso no ven esto? El amplio camino al infierno está pavimentado con buenas intenciones y grandes planes en la mente de los hombres que nunca preguntan a su Dios sobre cómo vivir sus vidas como deberían, leyendo Mi libro, Mi Palabra, MI Voluntad. Estos hombres eluden a DIOS, LA CABEZA, por eso irán directamente al infierno, por no haber buscado Mi Rostro. Arrepiéntete de tus pecados, y entrega todo a Mí: éstos son los que encuentran el camino estrecho y se convierten a MI Reino Eterno, todos los otros se pierden en el amplio reino del infierno donde hay la oscuridad y el castigo eterno.

"Estas son palabras duras", tú dices, pero son Palabras Verdaderas, guarda estas palabras y abrázalas y opta por vivir de acuerdo con ella. Ponte ante Mi, de rodillas, arrepiéntete de tu mal: de tus planes malvados de hacer metas y un futuro apartado de tu Dios. Te haré entrar en buena posición Conmigo y te estableceré en el camino recto y estrecho. Tu tiempo es corto para que te limpies y te prepares.

Para los burladores y blasfemos de Dios, no hay lugar en Mi Reino.

APOYOS BIBLICOS:

SALMO 107:11-12: Por cuanto fueron rebeldes a las palabras de Jehová, Y aborrecieron el consejo del Altísimo. Por eso quebrantó con el trabajo sus corazones; Cayeron, y no hubo quien los ayudase.

SALMOS 10:4: El malo, por la altivez de su rostro, no busca a Dios; No hay Dios en ninguno de sus pensamientos.

PROVERBIOS 14:12: Hay un camino que parece derecho al hombre, pero su fin es camino de muerte.

PROVERBIOS 16:2: Todos los caminos del hombre son limpios en su propia opinión; Pero Jehová pesa los espíritus.

PROVERBIOS 16:25: Hay camino que parece derecho al hombre, Pero su fin es camino de muerte.

ECLESIASTÉS 12:14: El hombre será saciado de bien del fruto de su boca; Y le será pagado según la obra de sus manos.

EZEQUIEL 14:12-20: Vino a mí palabra de Jehová, diciendo: Hijo de hombre, cuando la tierra pecare contra mí rebelándose pérfidamente, y extendiere yo mi mano sobre ella, y le quebrantare el sustento del pan, y enviare en ella hambre, y cortare de ella hombres y bestias, si estuviesen en medio de ella estos tres varones, Noé, Daniel y Job, ellos por su justicia librarían únicamente sus propias vidas, dice Jehová el Señor. Y si hiciere pasar bestias feroces por la tierra y la asolaren, y quedare desolada de modo que no haya quien pase a causa de las fieras, y estos tres varones estuviesen en medio de ella, vivo yo, dice Jehová el Señor, ni a sus hijos ni a sus hijas librarían; ellos solos serían librados, y la tierra quedaría desolada. O si yo trajere espada sobre la tierra, y dijere: Espada, pasa por la tierra; e hiciere cortar de ella hombres y bestias, y estos tres varones estuviesen en medio de ella, vivo yo, dice Jehová el Señor, no librarían a sus hijos ni a sus hijas; ellos solos serían librados. O si enviare pestilencia sobre esa tierra y derramare mi ira sobre ella en sangre, para cortar de ella hombres y bestias, y estuviesen en medio de ella Noé, Daniel y Job, vivo yo, dice Jehová el Señor, no librarían a hijo ni a hija; ellos por su justicia librarían solamente sus propias vidas.

SALMOs 2:9: Los quebrantarás con vara de hierro; Como vasija de alfarero los desmenuzarás..

APOCALIPSIS 2:27: y las regirá con vara de hierro, y serán quebradas como vaso de alfarero; como yo también la he recibido de mi Padre;

APOCALIPSIS 19:15: De su boca sale una espada aguda, para herir con ella a las naciones, y él las regirá con vara de hierro; y él pisa el lagar del vino del furor y de la ira del Dios Todopoderoso.

EL SEÑOR QUERÍA QUE INCLUYERA ESTAS PALABRAS RECIBIDAS POR MI BUENA AMIGA DONNA, QUIEN TAMBIÉN LO OYE CON ESTA GRAVÍSIMA ADVERTENCIA:

Oh, Señor, las personas no están recibiendo las palabras de la pronta destrucción repentina y el mensaje del rapto. ¿Tienes palabras con respecto a este mensaje?

Sí, hija mía, tengo palabras. La gente no lo entiende porque tienen sus cabezas en la arena. Ellos no quieren dirigirse hacia fuera, porque entonces tendrían que mirar alrededor y ver que las cosas no están bien en el mundo y que nunca lo estará, porque hay un sistema del anticristo que está puesto en marcha. Todo está allí, está a la espera de suceder.

La gente cree que va a sacar a Obama de la oficina y a poner a Romney ¿Tienes palabras con respecto a esta línea de pensamiento?

Las personas siempre han puesto su fe y confianza en lo que ven y en lo que ellos creen que pueden hacer. Esto no es diferente. Ellos creen que van a sacar a Obama y poner a Romney y todo va a estar bien, pero esto no es cierto. Obama tendrá una carta de triunfo más alto que Romney y Obama ganará el juego. Este provocará la destrucción y la muerte en la tierra.

¿Qué pasa con el rapto, Señor? Yo sé que no podemos saber el día o la hora. ¿Qué tienes que decir?

El rapto está a la vuelta de la esquina. El pueblo ha sido advertido para que estén preparados. Muy pocos están dispuestos, sin embargo. Evitan el mensaje y luchan contra ella, ya que no quieren cambiar su estilo de vida para prepararse para el rapto.

¿Qué va a pasar cuando la novia sea quitada de la tierra en el rapto?

Habrá destrucción repentina, un evento nuclear, que tendrá lugar en los EEUU. en el momento del rapto. Esto es lo que provocará el rapto. No voy a permitir que Mi novia sea radiada o destruida.

Ella es Mía. He pagado un alto precio en la Cruz por ella y me costó Mi vida por ella. No permitiré que los malvados y el sistema del mal la dañen a ella en modo alguno.

¿Qué significará esto para los que se queden?

Aquellos que se quedan será la gente más lamentable en esta tierra. Habrá grandes gemidos y quejidos y llantos barriendo a través de la tierra. La tierra estará en ruinas a causa de múltiples reacciones nucleares en todo el mundo, no sólo en los EEUU. sino en todo el globo. La gente se dará cuenta de que algo muy malo ha sucedido.

Se introducirá rápidamente una ley para controlar a la gente por saqueos, robos y delincuencia. La gente será atacada y robada en las calles, en sus patios y en sus hogares. Nadie estará a salvo. Habrá hambre y falta de agua potable. La gente va a estar desesperada y salvaje como animales. El mundo nunca ha visto el mal que se desatará cuando tome a la novia.

¿Hay una manera para que los que se queden puedan ser salvos?

Sí, deben profesar su fe en Mí a las autoridades y rechazar el RFID – chip, de atención a la salud, en la mano o en la frente. A continuación, serán detenidos, torturados en campos de FEMA y decapitados. Estos hijos llegarán al cielo, en la gloria de ellos porque rechazaron la marca de la bestia, el chip de cuidado de la salud. Les voy a dar a cada uno una corona con joyas por su martirio.

VERSOS QUE ESTOY INCLUYENDO Y QUE VAN CON LAS PALABRAS DEL SEÑOR:

1 TESALONICENSES 5:1-3: Pero acerca de los tiempos y de las ocasiones, no tenéis necesidad, hermanos, de que yo os escriba. Porque vosotros sabéis perfectamente que el día del Señor vendrá así como ladrón en la noche; que cuando digan: Paz y seguridad, entonces vendrá 3 sobre ellos destrucción repentina, como los dolores a la mujer encinta, y no escaparán.

PROVERBIOS 28:26: El que confía en su propio corazón es necio; Mas el que camina en sabiduría será librado.

MARCOS 13:32-33: Pero de aquel día y de la hora nadie sabe, ni aun los ángeles que están en el cielo, ni el Hijo, sino el Padre.

Estate en guardia. Estate alerta, porque no sabes cuándo llegará ese momento.

APOCALIPSIS 20:4: Y vi tronos, y se sentaron sobre ellos los que recibieron facultad de juzgar; y vi las almas de los decapitados por causa del testimonio de Jesús y por la palabra de Dios, los que no habían adorado a la bestia ni a su imagen, y que no recibieron la marca en sus frentes ni en sus manos;

DONNA MCDONALD.

2 de septiembre del 2012.

Ahora, yo quiero darte las palabras (Susan) que yo recibí del Señor hace un año y medio a dos años, cuando estaba en mi sala de estar. En ese momento y completamente sin ninguna advertencia Jehová habló estas palabras a mí:

La gente piensa que van a sacar a este hombre fuera de la oficina (nuestro presidente) y entonces las cosas irán de vuelta a la normalidad. No es así, el problema va mucho más allá de esto, es que la gente se ha hundido hasta el nivel que podrían tener a este hombre sobre ellos en el primer lugar.

LUCHAS CONTRA UNA PARED DE LADRILLO, SI TU CONTINÚAS EN LA CREENCIA DE QUE YO NO EXISTO.

15 de septiembre del 2012.

Las palabras del Señor para hoy (Publicados en www.End-Times-Prophecy.Com)

Queridos fieles seguidores de Cristo:

Hay un cambio que los cristianos se enfrentan en el mundo. Pero muchos no quieren hacer frente a lo que está sucediendo. Ellos no quieren ver que el mundo y los hombres se están quedando sin opciones, sin respuestas.

Las personas están agarrando un clavo caliente ahora. Ellos están tratando de convencerse a sí mismos, que el menor de dos males, es igual a una respuesta justa.

Los cristianos están utilizando todo tipo de explicaciones retorcidas para aceptar las respuestas presentadas por el mundo secular para sus vidas. Este es el cambio, Dios está diciendo que los hombres ya no ofrecen buenas opciones porque se han alejado en sus corazones, de DIOS. Pero los Cristianos quieren aferrarse al mundo y tratan de explicar, atrapados en su interior, con todo tipo de argumentos. Dios está haciendo una cosa nueva. Él está mostrando a los cristianos ahora, que la elección es entre el mundo y Cristo. Aunque el mundo ha sido siempre una enemistad con Dios, el Padre está diciendo: deja de preocuparte buscando maneras de sentirte bien acerca de las respuestas que los hombres están dando y elige al que está diciendo que el levantamiento para vuestra redención, está cerca para aquellos que están viéndolo.

TIENES SUCIEDAD EN LAS MANOS Y NI SIQUIERA PUEDES VERLO.

El Señor dio estas Palabras a Susan, el 13 de septiembre del 2012.

PALABRAS DEL SEÑOR:

TÚ ESTÁS LUCHANDO CON UNA PARED DE LADRILLOS SI SIGUES EN LA CREENCIA DE QUE NO EXISTO.

ESCUCHA CON ATENCIÓN LAS PALABRAS QUE TE DARÉ:

HIJOS, EL SEÑOR HABLA:

Soy un coloso en llamas de amor a punto de irrumpir en el mundo, Vengo trayendo amor, sanación, y la plenitud del corazón. Llevo Conmigo salvación, un futuro brillante. Yo Soy LA ROCA sólida, consistente, proporcionando un castigo divino a Mi enemigo. Pronto la gente verá que Yo Soy la salvación de las naciones, el PRINCIPAL con el toque Sanador.

Habrá dos tipos de familias en la tierra en el momento de Mi venida: La más feliz de todos los pueblos: Mi novia y la más triste de todas las personas: los que se queden para hacer frente a Mi enemigo, los que rechazaron Mis palabras y se rebelaron contra Mis Caminos, Mi Voluntad, y Mi Gracia Salvadora. Este es el destino de las masas: unos para la salvación de sus almas, y la mayoría de frente a los horrores del reino de los demonios que vienen al reino de la tierra sobre Mis hijos rebeldes.

Mis hijos que se rebelan contra Mí, lo hacen de muchas maneras: negándose a leer Mi Palabra y pasar tiempo en Mi Verdad. También puedes hacer llorar a MI ESPÍRITU y negar el Poder de Mi Espíritu en tu vida porque prefieres hacer tus cosas con tu carne, lo cual está en contra de Mi Voluntad. Cuando manejas las cosas del mundo profano, afliges a Mi Espíritu Santo, como si los dos pudieran mezclarse fácilmente. Esta es una abominación para Mí.

De esta manera estás pútrido y Yo te vomitaré por tus caminos de doble ánimo.

No eres mejor que la esposa de Lot en su forma de prostituirse, andando en un mundo de muerte y decadencia.

¿Ves que no eres apto para entrar en Mi Reino?

Tienes la suciedad en las manos y ni siquiera puedes verlo. Te pondré fuera de Mi Reino, donde será el lloro y el crujir de dientes.

Esa es el camino de esta generación adúltera: llena de una apariencia de piedad, pero niegan la eficacia de ella.

Está claro en Mi Palabra. Sal, lejos de este blasfemo mundo pues es casi la hora para Yo elegir quien estará saliendo Conmigo a la Gloria y a quienes he elegido para la destrucción. La disposición de tu corazón determina Mi elección. ¿Tu corazón se volvió hacia Mí como en una rápida persecución o se aleja hacia Mi enemigo hacia las tinieblas de afuera?

Lo sé todo, lo veo todo. Sé todos los pensamientos íntimos de un hombre. Todo se consigue por Mi. Yo sé los pensamientos, las acciones, los hechos.

Encuéntrate bien, con tu Dios ahora. Esta es la hora, mañana puede ser demasiado tarde. Tu no sabes lo que la siguiente hora tiene para tu vida. ¿Por qué tratas esta decisión con tanto desprecio? ¿Por qué piensas que Yo, Dios no puede estar enojado por tu elección en Mi contra?

Tu estás luchando contra una pared de ladrillo, si tu continúas en la creencia de que Yo no existo.

Tu llegarás a saber de Mi, ¿cómo va a ocurrir esto?

¿En olas de amor o en torrentes de destrucción y castigo?

Esta es tu parte:

Elíjeme a Mí y Yo te levantaré para compartir la eternidad conmigo. Llega a un acuerdo con esta elección.

Todos los hombres serán inexcusables cuando se enfrenten a Mi. No voy a escuchar excusas porque no habrá ninguna.

Ahora debes elegir.

Novia estén listos,

Su amante les espera.

APOYOS BIBLICOS:

ISAÍAS 52:10: Jehová desnudó su santo brazo ante los ojos de todas las naciones, y todos los confines de la tierra verán la salvación del Dios nuestro.

PROVERBIOS 17:11: El rebelde no busca sino el mal, Y mensajero cruel será enviado contra él.

MATEO 7:14: porque estrecha es la puerta, y angosto el camino que lleva a la vida, y pocos son los que la hallan.

SANTIAGO 1:8: El hombre de doble ánimo es inconstante en todos sus caminos.

LUCAS 17:32: Acordaos de la mujer de Lot.

MATEO 22:8-14: Entonces dijo a sus siervos: Las bodas a la verdad están preparadas; mas los que fueron convidados no eran dignos. Id, pues, a las salidas de los caminos, y llamad a las bodas a cuantos halléis. Y saliendo los siervos por los caminos, juntaron a todos los que hallaron, juntamente malos y buenos; y las bodas fueron llenas de convidados. Y entró el rey para ver a los convidados, y vio allí a un hombre que no estaba vestido de boda. Y le dijo: Amigo, ¿cómo entraste aquí, sin estar vestido de boda? Mas él enmudeció. Entonces el rey dijo a los que servían: Atadle de pies y manos, y echadle en las tinieblas de afuera; allí será el lloro y el crujir de dientes.

LUCAS 13:23-28: Y alguien le dijo: Señor, ¿son pocos los que se salvan? Y él les dijo: Esforzaos a entrar por la puerta angosta; porque os digo que muchos procurarán entrar, y no podrán. Después que el padre de familia se haya levantado y cerrado la puerta, y estando fuera empecéis a llamar a la puerta, diciendo: Señor, Señor, ábrenos, él respondiendo os dirá: No sé de dónde sois. Entonces comenzaréis a decir: Delante de ti hemos comido y bebido, y en nuestras plazas enseñaste. Pero os dirá: Os digo que no sé de dónde sois; apartaos de mí todos vosotros, hacedores de maldad. Allí será el llanto y el crujir de dientes, cuando veáis a Abraham, a Isaac, a Jacob y a todos los profetas en el reino de Dios, y vosotros estéis excluidos.

2 TIMOTEO 3:4-5: traidores, impetuosos, infatuados, amadores de los deleites más que de Dios, que tendrán apariencia de piedad, pero negarán la eficacia de ella; a éstos evita.

ROMANOS 14:12: De manera que cada uno de nosotros dará a Dios cuenta de sí.

¡TUS DÍAS ESTÁN CONTADOS!

El Señor dio estas Palabras a Susan, el 20 de septiembre del 2012.

Las palabras del Señor para hoy (Publicados en www.End-Times-Prophecy.Com)

HIJA, ESCRIBE ESTAS PALABRAS:

Hijos, el Señor regresará pronto. Muchos no apoyan esta creencia. Habrá muchísimos a la izquierda detrás para enfrentar la destrucción y el desastre. Muchos irán al infierno sin ninguna esperanza de poder objetar. Me van a rechazar hasta el punto de no retorno. Es una imagen del sabio y el perdido: los que se niegan a creer en Mi Libro, Mis Palabras, Mis mensajeros, Mi Verdad. Estas personas se encontrarán en el lago de fuego para toda la eternidad a causa de su incredulidad y su negativa a arrepentirse y a buscar Mi salvación.

Mi salvación está fácilmente disponible, pero muchos se perderán su oportunidad, la oportunidad de aprovechar la salvación antes de que sea demasiado tarde.

Yo lloro en dolor por esos hijos perdidos, ver a Mis hijos tirar sus vidas a la muerte y al tormento de la eternidad no es fácil para Mí de ver. Voy a defender Mi verdad y ningún hombre puede alterar la Verdad de Dios: es inmutable. Si no buscas mi Cubiertas de sangre y la salvación que pongo a tu disposición, entonces yo no puedo ponerte en el Reino de DIOS.

Las lágrimas fluyen por Mi cara sobre Mis perdidos hijos, los que son tercos, obstinados, y se niegan a entregar sus vidas a MÍ para la salvación que les doy. La totalidad y la sanidad del corazón está disponible para que lo pidas, pero Mis hijos huyen a las armas del enemigo y encuentran la muerte y la destrucción.

Allí es donde van si no vienen a Mí. Seguidme, y yo les daré el amor que se ha estado perdiendo: Tengo muchos deseos de lograr en ti la Totalidad y la Expiación. Este es Mi mayor deseo de salvar a Mis niños y llevarlos a Mi casa cuando venga a salvar a Mí novia de la oscuridad que está sobre la tierra.

Hijos, quiero ser expresivo: ¡SUS DÍAS están contados!

Tu puedes venir Conmigo a un lugar seguro, o quedarte y ver la destrucción repentina, o la peor tribulación que ha conocido la humanidad. ¿Por qué tu quieres comprar tantos problemas para ti mismo cuando te ofrezco un pasaje a la seguridad? Soy dinámico al ofrecerte esto. Los que estén viniendo conmigo encontrarán alegría y felicidad.

No te niegues este gran tesoro. Pagué el precio de este regalo.

Morí de una manera que los hombres no comprenden:

Yo fui masacrado por tu libertad.

Atendí al llamado por tu salvación.

Me escupieron por tu redención.

Yo fui azotado por tu sanidad.

Yo fui despreciado por tu santificación.

Todo esto fue Mi regalo a la humanidad. Fue minucioso y completo.

No hay otra salvación disponible para la humanidad, sólo Mi Sangre puede traer liberación. Mi Sangre solo te apunta al camino estrecho, la vena fina que fluye hacia el cielo: Mi descanso eterno para los que creen y se rinden. Ven pronto de ti mismo. Déjame purificar tu alma por el llenado de Mi Espíritu. Debes moverte y seguirme. Yo Soy tu ÚNICA ESPERANZA. Yo Soy la solución a todos los problemas de la humanidad.

YO SOY LA RESPUESTA: EL CAMINO - LA VERDAD - LA VIDA.

APOYOS BIBLICOS:

LUCAS 17:34: Os digo que en aquella noche estarán dos en una cama; el uno será tomado, y el otro será dejado.

1 TESALONICENSES 5:3: que cuando digan: Paz y seguridad, entonces vendrá sobre ellos destrucción repentina, como los dolores a la mujer encinta, y no escaparán.

APOCALIPSIS 20:15: Y el que no se halló inscrito en el libro de la vida fue lanzado al lago de fuego.

LUCAS 21:33: El cielo y la tierra pasarán, pero mis palabras no pasarán.

JUAN 11:35: Jesús lloró.

LUCAS 19:41-44: Y cuando llegó cerca de la ciudad, al verla, lloró sobre ella, diciendo: ¡Oh, si también tú conocieses, a lo menos en este tu día, lo que es para tu paz! Mas ahora está encubierto de tus ojos. Porque vendrán días sobre ti, cuando tus enemigos te rodearán con vallado, y te sitiarán, y por todas partes te estrecharán, y te derribarán a tierra, y a tus hijos dentro de ti, y no dejarán en ti piedra sobre piedra, por cuanto no conociste el tiempo de tu visitación.

LUCAS 22:64: y vendándole los ojos, le golpeaban el rostro, y le preguntaban, diciendo: Profetiza, ¿quién es el que te golpeó?

JUAN 18:22: Cuando Jesús hubo dicho esto, uno de los alguaciles, que estaba allí, le dio una bofetada, diciendo: ¿Así respondes al sumo sacerdote?

MATEO 26:67-68: Entonces le escupieron en el rostro, y le dieron de puñetazos, y otros le abofeteaban, diciendo: Profetízanos, Cristo, quién es el que te golpeó.

JUAN 19:1: Así que, entonces tomó Pilato a Jesús, y le azotó.

LUCAS 23:35: Y el pueblo estaba mirando; y aun los gobernantes se burlaban de él, diciendo: A otros salvó; sálvese a sí mismo, si éste es el Cristo, el escogido de Dios.

24. YO TE PUEDO SACAR DE CUALQUIER PECADO QUE ESTÉS PRACTICANDO.

(Palabras recibido de nuestro Señor por Susan, 21 de septiembre de 2012)

EL ENEMIGO QUIERE MENTIRTE Y DECIRTE: ES DEMASIADO TARDE, TÚ HAS IDO DEMASIADO LEJOS, TU PECADO ES DEMACIADO MALO.

SI MI HIJA, YO TE DARE NUEVAS PALABRAS:

HIJOS VENGAN Y ESCUCHEN A SU SEÑOR:

Quiero que escuchen mi voz. Estoy suplicándote: estoy saliendo en busca de mi iglesia. Ella es hermosa para mí, ¡Toda vestida de blanco! Tengo muchos deseos de tomarla en Mis brazos y la llevarla lejos para guardarla del mal que viene sobre la tierra, para sacarla de las garras del enemigo, para salvarla de la oscuridad que envolverá la tierra. Para darle la belleza que he preparado para ella.

Hijos, la noche se está cerrando en torno a la tierra. Pronto ella será consumida por la oscuridad. No quiero que te quedes para enfrentar lo que viene. Yo puedo salvarte con Mi gracia salvadora. MI Salvación es completa.

Te puedo sacar de cualquier pecado en el que has estado involucrado, a partir de cualquier problema el cual te ha estado consumiendo. Te puedo librar del peor pecado. No hay nada que Mi Sangre no pueda cubrir. Mi Sangre es Pura y potente, capaz de guardar, al más miserable pecador: nada es demasiado difícil para

Mí, Dios. Puedo ponerte en tierra firme y bien parado, limpiarte y traerte a Mi Presencia. ¡Te llevaré, concluye en llegar a Mí!

Nada de lo que hayas hecho en esta tierra nos puede separar para la eternidad, y que Mi sangre no pueda cubrir y hacer lo correcto. Así que ven a Mis brazos abiertos. Dame la enfermedad de tu pecado.

Permíteme curar tu corazón roto. Te voy a dar Mi sanidad Salvadora para que veas la Verdad, para abrir tus ojos. Te llevaré Conmigo cuando venga por Mi iglesia. Tu último pecado puede ser cubierto por Mi Sangre, la Sangre derramada en la cruz del Calvario.

¿Por qué negarse a sí mismo, esta salvación? El enemigo quiere mentirte y decirte: "Es demasiado tarde, Has ido demasiado lejos, tu pecado es muy malo. Pero Yo Me presento ante ti con los brazos abiertos: listo para darte Mi belleza, para limpiarte, para liberarte, para lograr en ti, la esperanza y el amor, para colmarte de Gracia y Misericordia, para prepararte para Mi venida.

¡TE AMO! ¡Ven tal cómo eres! No hay nada que mi sangre no pueda purificar. Arrepiéntete. Ponga su vida en mis pies. ¡Te Alzaré a nuevas alturas de la gloria, la plenitud, y el amor! ¡Esta es mi delicia! Yo quiero compartir la eternidad contigo.

Ven, toma Mi Mano. Fui herido por tus rebeliones. Toma Mi Mano y se sano. Muévete rápidamente.

Tu tiempo se acaba. El futuro es brillante Conmigo.

¡HAGO NUEVAS TODAS LAS COSAS!

REY DE LA GLORIA.

YEHUSHUA.

APOYOS BIBLICOS:

SALMO 24:7: Alzad, oh puertas, vuestras cabezas, Y alzaos vosotras, puertas eternas, Y entrará el Rey de gloria.

APOCALIPSIS 19:7: Gocémonos y alegrémonos y démosle gloria; porque han llegado las bodas del Cordero, y su esposa se ha preparado.

JUAN 6:54: El que come mi carne y bebe mi sangre, tiene vida eterna; y yo le resucitaré en el día postrero.

EFESIOS 1:7: en quien tenemos redención por su sangre, el perdón de pecados según las riquezas de su gracia,

COLOSENSES 1:20: y por medio de él reconciliar consigo todas las cosas, así las que están en la tierra como las que están en los cielos, haciendo la paz mediante la sangre de su cruz.

COLOSENSES 1:14: en quien tenemos redención por su sangre, el perdón de pecados.

LUCAS 1:37: porque nada hay imposible para Dios.

APOCALIPSIS 3:18: Por tanto, yo te aconsejo que de mí compres oro refinado en fuego, para que seas rico, y vestiduras blancas para vestirte, y que no se descubra la vergüenza de tu desnudez; y unge tus ojos con colirio, para que veas.

ISAÍAS 53:5: Mas él herido fue por nuestras rebeliones, molido por nuestros pecados; el castigo de nuestra paz fue sobre él, y por su llaga fuimos nosotros curados.

APOCALIPSIS 21:5: Y el que estaba sentado en el trono dijo: He aquí, yo hago nuevas todas las cosas. Y me dijo: Escribe; porque estas palabras son fieles y verdaderas.

MATEO 24:37: Mas como en los días de Noé, así será la venida del Hijo del Hombre.

GÉNESIS 7:4: Porque pasados aún siete días, yo haré llover sobre la tierra cuarenta días y cuarenta noches; y raeré de sobre la faz de la tierra a todo ser viviente que hice.

¡LA VENIDA DEL HIJO DEL HOMBRE SERÁ IGUAL QUE LOS DÍAS DE NOÉ!

1 TESALONICENSES 4:16, 17: Porque el Señor mismo con voz de mando, con voz de arcángel, y con trompeta de Dios, descenderá del cielo; y los muertos en Cristo resucitarán primero. Luego nosotros los que vivimos, los que hayamos quedado, seremos arrebatados juntamente con ellos en las nubes para recibir al Señor en el aire, y así estaremos siempre con el Señor.

SALMO 12:1: Salva, oh Jehová, porque se acabaron los piadosos; Porque han desaparecido los fieles de entre los hijos de los hombres.

1 TESALONICENSES 5:1-3: Pero acerca de los tiempos y de las ocasiones, no tenéis necesidad, hermanos, de que yo os escriba. Porque vosotros sabéis perfectamente que el día del Señor vendrá así como ladrón en la noche; que cuando digan: Paz y seguridad, entonces vendrá sobre ellos destrucción repentina, como los dolores a la mujer encinta, y no escaparán.

PROVERBIOS 28:26: El que confía en su propio corazón es necio; Mas el que camina en sabiduría será librado.

MARCOS 13:32-33: Pero de aquel día y de la hora nadie sabe, ni aun los ángeles que están en el cielo, ni el Hijo, sino el Padre. Mirad, velad y orad;

APOCALIPSIS 20:4: Y vi tronos, y se sentaron sobre ellos los que recibieron facultad de juzgar; y vi las almas de los decapitados por causa del testimonio de Jesús y por la palabra de Dios, los que no habían adorado a la bestia ni a su imagen, y que no recibieron la marca en sus frentes ni en sus manos y vivieron y reinaron con Cristo mil años.

NO PUEDO TENER GENTE EN MI REINO QUE ELIGE Y DESEA EL GOBIERNO DEL MAL.

Sábado, 29 de septiembre del 2012.

Las palabras del Señor para hoy (Publicados en www.End-Times-Prophecy.Com)

QUERIDOS FIELES SEGUIDORES DE CRISTO:

Hoy quiero hablar de un tema sensible, ¿quiénes se van en el rapto? Bueno de acuerdo a lo que he estado escuchando del SEÑOR: muy pocos van a ser arrebatados, y sólo un remanente será raptado, y sólo un puñado será arrebatado. Otra persona que oye al SEÑOR ha oído "remanente del remanente" serán raptados y esto hace referencia a la parábola de las diez vírgenes:

MATEO 25:1-2: Entonces el reino de los cielos será semejante a diez vírgenes que tomando sus lámparas, salieron a recibir al esposo. Cinco de ellas eran prudentes y cinco insensatas.

De acuerdo con el Señor, todos tenían una medida del Espíritu Santo, sin embargo, sólo cinco de cada diez se llenaron completamente, todos los demás tenían solo una medida de aceite en sus lámparas. Esto está realmente reduciendo la cantidad de personas, por lo que le pregunté a Jehová acerca de esta palabra y de inmediato me llevó a este pasaje de las Escrituras:

MATEO 7:21-23: No todo el que me dice: Señor, Señor, entrará en el reino de los cielos, sino el que hace la voluntad de mi Padre que está en los cielos. Muchos me dirán en aquel día: Señor, Señor, ¿no profetizamos en tu nombre, y en tu nombre echamos fuera demonios, y en tu nombre hicimos muchos milagros? Y entonces les declararé: Nunca os conocí; apartaos de mí, hacedores de maldad.

Fue entonces cuando me di cuenta, que no se puede hacer milagros, echar fuera demonios, o profetizar en el nombre del Señor sin la participación del Espíritu Santo, y sin embargo, a estas personas todavía el Señor les dijo, apártense del Mi. Estas eran las cinco vírgenes con su aceite en sus lámparas a medio llenar cuando el Señor regresó.

Cristianos: Esta es una palabra seria y su elegibilidad para el rapto debe ser examinada.

La clave para la preparación, de este pasaje son estas Palabras:

No todo el que me dice: Señor, Señor, entrará en el reino de los cielos, sino el que hace la voluntad de mi Padre que está en los cielos.

Es el que hace la voluntad de Dios quien es elegible o escogido.

¿Quién está en la voluntad de Dios? Los que hacen una entrega total al Señor, se arrepienten de sus pecados, perdonan a todos, y los que toman tiempo para conocer a Jehová. Así pues, las cinco vírgenes con una lámpara llena de aceite son tan brillantes con el Espíritu Santo llenándolas, y entonces son capaces de velar por el regreso del Señor, que es también la clave para la preparación para el rapto. Así que si no te has entregado totalmente a la voluntad de Dios, a la muerte de tu propia voluntad y tus propios planes futuros, entonces tu no tienes una lámpara llena de aceite y estás en la realidad, de estar lejos de la voluntad de Dios, e incluso, tu trabajo en el Señor, fue realizado con iniquidad, según Mateo 7:23.

Así que si tú dices que has hecho una completa entrega de tu voluntad a Dios, pero tus planes para el futuro están todavía en su lugar, entonces tu estás fuera de la voluntad de Dios y la idea de que el rapto es pronto será una tontería para ti. Así está la mayoría de los cristianos hoy en día: la iglesia tibia pronto será dejada detrás a la izquierda.

PALABRAS DEL SEÑOR: NO PUEDO TENER GENTE EN MI REINO QUE ELIGE Y DESEA QUE EL MAL GOBIERNE.

El Señor dio esta Palabra a Susan, el 25 de septiembre del 2012.

SÍ HIJA, COMENCEMOS:

HIJOS, QUIERO QUE ESCUCHEN MIS PALABRAS HOY:

Tengo palabras muy serias para darte. Hijos, enfócate en Mi, la hora viene para Mi pronta venida. Voy a levantar el velo para los que están dispuestos a caminar Conmigo. Si tu no estás preparado, no sabrás que vengo.

Estos son los que no vendrán conmigo: Todos los que son intencionalmente rebeldes, los que se dedican a la brujería o al amor de ella, los que son mentirosos no entrarán en Mis Cielos, los que eligen el mal en vez de su Dios. Si tu eliges líderes malvados, tienes sobre ti, su gobierno en los púlpitos, y Yo te echaré de Mi Reino.

No puedo tener gente en Mi Reino que elige y desea que el mal gobierne. Amas las tradiciones de los hombres más que a Mí. Yo conozco el deseo que tienes en tu corazón para el mundo, esto es una enemistad hacia Mi. Tu no puedes amarme a Mí y a las riquezas al mismo tiempo. La hora se acerca para Mi regreso a la tierra, y sin embargo, Mi iglesia sigue mirando de nuevo al mundo. Yo Soy el CAMINO, la VERDAD y la VIDA. Ningún hombre viene a Mi Padre, sino por Mí: su MESIAS, REDENTOR, EL CORDERO INMOLADO.

Si tu eliges el mal por sobre tu Dios, no puedo recibirte en Mi Reino. Si lees Mi libro, tú sabrías la importancia de las decisiones que estás tomando. Tu sabrías lo que Yo requiero. Podrías llegar a conocerme.

Si tu entregas tu todo a Mí y tienes un llenado de Mi Espíritu, una lámpara de aceite completa, tu verás lo avanzado de la hora y Mi Espíritu te llevará a toda la Verdad, lejos de malas decisiones de los líderes del mal en el gobierno y en los púlpitos. Tal como estás, quieres escuchar aquello que hace cosquillas a tus oídos.

Tu quieres manejar las cosas de este mundo y caminar con el mundo. Tu compromiso parcial hacia Mí es como un perro que vuelve a su vómito. Te escupiré por tu amor a medias hacia Mí. Tu te ahogas como un hombre ebrio en su propio vómito, y por eso no verás Mis Celestiales.

¿Digo Palabras duras? Lee Mi Palabra, llega a conocerme mejor. Verás que has dejado tu primer amor, el amor que te trajo a la existencia, te creé para Mi Propósito, no para ti mismo o para Mi enemigo.

La hora está cerca para Mi regreso, muy pocos vendrán cuando Yo llame a sacarlos de la tierra, sólo un remanente se levantará para tomar su lugar Conmigo en Mis Celestiales. Esto está escrito en Mi Libro, si sólo leyeras toda la Verdad y no la torcieras para satisfacer tus propios deseos.

Yo Soy un Dios de Verdad y pronto verás que Mi Palabra se cumple.

La hora se está acortando. Tómate un tiempo para Mí, tu Dios. Arrepiéntete de tu pecado. Ven a entregar tu todo a Mí. Tu tiempo se está acabando a la distancia. Elije No rechazarme, y ven Conmigo.

Ven a Mí rápidamente.

ESTE ES TU SEÑOR - SALVADOR - REDENTOR - NOVIO.

APOYOS BIBLICOS:

GÁLATAS 5:19-20: Y manifiestas son las obras de la carne, que son: adulterio, fornicación, inmundicia, lascivia, idolatría, hechicerías, enemistades, pleitos, celos, iras, contiendas, disensiones, herejías,

2 JUAN 1:9-11: Cualquiera que se extravía, y no persevera en la doctrina de Cristo, no tiene a Dios; el que persevera en la doctrina de Cristo, ése sí tiene al Padre y al Hijo. Si alguno viene a vosotros, y no trae esta doctrina, no lo recibáis en casa, ni le digáis: ¡Bienvenido! Porque el que le dice: ¡Bienvenido! participa en sus malas obras.

1 CORINTIOS 2:13: lo cual también hablamos, no con palabras enseñadas por sabiduría humana, sino con las que enseña el Espíritu, acomodando lo espiritual a lo espiritual.

SANTIAGO 4:4: ¡Oh almas adúlteras! ¿No sabéis que la amistad del mundo es enemistad contra Dios? Cualquiera, pues, que quiera ser amigo del mundo, se constituye enemigo de Dios.

MATEO 6:24: Ninguno puede servir a dos señores; porque o aborrecerá al uno y amará al otro, o estimará al uno y menospreciará al otro. No podéis servir a Dios y a las riquezas.

JUAN 6:44: Ninguno puede venir a mí, si el Padre que me envió no le trajere; y yo le resucitaré en el día postrero.

2 TIMOTEO 4:3: Porque vendrá tiempo cuando no sufrirán la sana doctrina, sino que teniendo comezón de oír, se amontonarán maestros conforme a sus propias concupiscencias,

2 PEDRO 2:21-22: Porque mejor les hubiera sido no haber conocido el camino de la justicia, que después de haberlo conocido, volverse atrás del santo mandamiento que les fue dado. Pero les ha acontecido lo del verdadero proverbio: El perro vuelve a su vómito, y la puerca lavada a revolcarse en el cieno.

APOCALIPSIS 2:4-5: Pero tengo contra ti, que has dejado tu primer amor. Recuerda, por tanto, de dónde has caído, y arrepiéntete, y haz las primeras obras; pues si no, vendré pronto a ti, y quitaré tu candelero de su lugar, si no te hubieres arrepentido.

MIS SANTOS RAPTADOS SE ABSTIENEN DE PARECERSE AL MUNDO.

El Señor dio esta Palabra a Susan, el 26 de septiembre del 2012.

PARA LOS QUE TIENEN MI PALABRA, Y LUEGO CAMBIAN A RECHAZARME POR EL MUNDO, ES MEJOR QUE NO HUBIERAN NACIDO.

HIJA, EMPECEMOS:

Hijos, este es tu PADRE Hablando. Vengo a ustedes con un mensaje de amor. Vengo a ustedes con un mensaje de sanación.

El mundo se está desmoronando debajo de ti. Poco a poco se está entregando. Pronto la tierra se sacudirá y todo el mundo que quede en la tierra será afectado: Los que se queden atrás para enfrentar la tribulación.

Hay un grupo que saldrá a la seguridad, son Mis santos raptados - seguidores - Mi novia. Este pueblo está apartado, es único, son los que se saldrán. Mis santos que se irán en el rapto, se abstienen de parecerse al mundo, del poder de los deseos del mal, de la rebelión contra Dios que viene en muchas formas.

Aun así, Mi iglesia tibia está dormida. Ella duerme a pesar de que es advertida y no tendrá excusa a la hora de Mi venida, y se mantendrá sin habla cuando me lleve a Mi verdadera iglesia, Mi novia.

Horror herirá a Mis seguidores tibios, muchos de los cuales creen que están listos para salir cuando Yo venga. Su manejo con el mundo y la duplicidad de la mente, la hace inconstante en todos sus caminos. Ella se lleva a sí misma por mal camino y a los que les rodean. Esto no es poca cosa: guiar a otros por mal camino. Sería mejor para ella (Mi iglesia tibia), si tú tuvieras una piedra de molino alrededor del cuello y fueras lanzada al mar.

Ten cuidado con las advertencias que se te administraron. Presta atención a ellos como valiosas joyas, porque cuando se da mucho, mucho se espera; y para los que tienen Mi Palabra, y luego giran a rechazarme por el mundo, es mejor que no hubieran nacido, luego de rechazar a su SEÑOR DIOS.

No estoy para que se burlen de Mi. Muchos me han burlado antes y vivieron para sufrir las consecuencias.

Enfoca tu amor y tu vida en Mí y tu estarás seguro en esta vida y en la siguiente. Mi novia no está para la tribulación: ese es el propósito del rapto de Mi iglesia: sacar a Mi pueblo a la seguridad.

Ven y únete a Mi pueblo. Rechaza el mundo y todo lo que ella representa, porque Yo levantaré a Mi pueblo y la pondré en Mi Reino donde hay alegría sin fin, paz, y risa.

Ven y únete a la fiesta de bodas. Volveré por una leal y pura novia. Mira hacia el cielo porque Yo saldré con Mi ejército de ángeles.

ESTA INVITACIÓN ESTÁ SELLADA POR EL ESPÍRITU SANTO, QUE DICE: VEN.

APOYOS BIBLICOS:

APOCALIPSIS 19:7: Gocémonos y alegrémonos y démosle gloria; porque han llegado las bodas del Cordero, y su esposa se ha preparado.

1 JUAN 2:15: No améis al mundo, ni las cosas que están en el mundo. Si alguno ama al mundo, el amor del Padre no está en él.

1 TESALONICENSES 5:6: Por tanto, no durmamos como los demás, sino velemos y seamos sobrios.

ROMANOS 1:20-25: Porque las cosas invisibles de él, su eterno poder y deidad, se hacen claramente visibles desde la creación del mundo, siendo entendidas por medio de las cosas hechas, de modo que no tienen excusa. Pues habiendo conocido a Dios, no le glorificaron como a Dios, ni le dieron gracias, sino que se envanecieron en sus razonamientos, y su necio corazón fue entenebrecido. Profesando ser sabios, se hicieron necios, y cambiaron la gloria del Dios incorruptible en semejanza de imagen de hombre corruptible, de aves, de cuadrúpedos y de reptiles. Por lo cual también Dios los entregó a la inmundicia, en las concupiscencias de sus corazones, de modo que deshonraron entre sí sus propios cuerpos, ya que cambiaron la verdad de Dios por la mentira, honrando y dando culto a las criaturas antes que al Creador, el cual es bendito por los siglos. Amén.

SANTIAGO 1:8: El hombre de doble ánimo es inconstante en todos sus caminos.

LUCAS 17:1-2: Dijo Jesús a sus discípulos: Imposible es que no vengan tropiezos; mas ¡ay de aquel por quien vienen! Mejor le fuera que se le atase al cuello una piedra de molino y se le arrojase al mar, que hacer tropezar a uno de estos pequeñitos.

GÁLATAS 6:7: No os engañéis; Dios no puede ser burlado: pues todo lo que el hombre sembrare, eso también segará.

1 TESALONICENSES 4:17: Luego nosotros los que vivimos, los que hayamos quedado, seremos arrebatados juntamente con ellos en las nubes para recibir al Señor en el aire, y así estaremos siempre con el Señor.

Prepárate para el pronto rapto.

Encuentra todos los libros Gratis de Susan Davis:

Ingles y español, otros idiomas
Aqui:

https://www.smashwords.com/profile/view/susanandsabrina

Otros libros de Susan Davis y Sabrina De Muynck

Yo vengo, Volumen 1

Yo vengo, Volumen 2

Yo vengo, Volumen 3

Yo vengo, Volumen 4

Yo vengo, Volumen 5

Yo vengo, Volumen 6

Disponible como libros de bolsillo y libros electrónicos Kindle en:
www.amazon.com

También disponible de forma gratuita como ebooks (varios formatos) en:
www.smashwords.com

Made in the USA
Middletown, DE
29 October 2023

41468240R00116